现代港口发展的区位势理论研究

董洁霜 著

上海交通大学出版社
SHANGHAI JIAO TONG UNIVERSITY PRESS

内容提要

全书通过对港口与区域交互作用的系统研究,建立了现代港口区位势基本理论体系。本书首先提出港口区位势的概念,系统阐述港口区位势各因子的含义和主要内容。其次,本书建立了港口区位势因子评价的指标体系,对指标进行定量化和标准化处理,建立了港口区位势测度的数学模型,并分析了随着国际生产模式的转化和世界经济贸易空间格局的动态变化,以及交通运输网络化的演变,港口基本区位势发展演化的内在机制。最后,本书探讨了在现代综合物流迅速发展的背景下,主要港口与物流系统各个节点之间实行有效的区位战略合作,以及相关港口间的竞合关系,促进港口综合区位势发展的重要战略。

图书在版编目(CIP)数据

现代港口发展的区位势理论研究/ 董洁霜著. —上
海:上海交通大学出版社,2021.10
ISBN 978-7-313-24307-2

Ⅰ. ①现… Ⅱ. ①董… Ⅲ. ①港口—区位经济—经济
发展—研究 Ⅳ. ①F550.3

中国版本图书馆 CIP 数据核字(2021)第 137393 号

现代港口发展的区位势理论研究
XIANDAI GANGKOU FAZHAN DE QUWEI SHI LILUN YANJIU

著　者:董洁霜
出版发行:上海交通大学出版社　　　地　址:上海市番禺路 951 号
邮政编码:200030　　　　　　　　　电　话:021-64071208
印　制:当纳利(上海)信息技术有限公司　经　销:全国新华书店
开　本:710 mm×1000 mm　1/16　　印　张:9.25
字　数:140 千字
版　次:2021 年 10 月第 1 版　　　　　印　次:2021 年 10 月第 1 次印刷
书　号:ISBN 978-7-313-24307-2
定　价:69.00 元

前 言

　　港口的形成与发展,与特定的自然地理位置相关,更重要的是与经济社会发展需求相关。因此,港口不是一个单纯的地理概念,而是一个区位概念。港口区位的发展不仅是航运业本身发展的结果,更为重要的是与港口区位相关的区域系统发展的结果。因此,笔者认为在研究现代港口区位发展的机制和规律时,应综合考虑多方面因素的共同作用。20世纪80年代以来,在全球经济一体化、知识经济与信息产业以及集装箱运输与多式联运迅速发展的背景下,现代港口区位性质有了新的变化,即从传统的运输枢纽转化为综合物流的关键环节,从而在区域乃至世界经济发展格局中占据更为重要的地位。

　　为了深入研究港口区位的性质与发展演化机制,为制定港口区位发展战略提供科学合理的理论依据和参考,本书运用历史比较、定性与定量相结合、实证分析等研究方法,首次将地理学、交通运输学、系统科学和管理科学综合运用到现代港口区位问题的相关研究中,运用区位论及空间相互作用理论研究的方法和模式,提出"港口区位势"的概念,建立"港口区位势"理论模型。通过对现代港口区位发展与区域交互作用的系统分析,建立起现代港口发展的区位势基本理论体系。

　　为就现代港口区位发展与区域交互作用进行全面系统的研究,本书在所提出的港口区位势概念和内涵的基础上,将港口区位势概括为下列五个因子:① 港口自然区位势因子;② 港口运输区位势因子;③ 港口经济区位势因子;④ 港口技术区位势因子;⑤ 港口管理区位势因子。在系统阐述各因子的含义和内容后,笔者建立了评价港口区位势因子的指标体系,其中的难度在于要做到科学分析港口区位的吸引力和竞争力,仅通过定性的描述是无法实现的,必须进行定量分析,因此如何将涉及自然、经济、交通、技术、政治等因素的指标定量化是一个难点。随后,在建立的港口区位势评价指标体系的基础上,笔者采用层次分析法得到港口区位势测度模型。

随着全球经济一体化和世界贸易格局与发展态势的变化,笔者详细分析了各港口区位势的内在发展机制,并指出在国际集装箱运输迅速发展,现代综合物流服务将逐渐取代传统运输业这一背景下,港口区位空间结构的演化。因此,在综合物流时代,港口的所有活动直接或间接地服务于其所在的物流系统。港口通过与其所在的区域综合物流系统中其他节点的区位合作与协同发展,成为现代港口区位势增长的重要机制。

本书的研究内容与结论对港口相关规划、建设和管理具有重要的参考价值。

C ontents

目　录

第1章
国内外港口与区域相关研究综述

港口形成与发展是区域乃至世界经济发展的产物。港口一直起着连接所在区域与海外各地联系纽带的作用,港口的发展对区域乃至一国经济的发展具有举足轻重的意义。国内外研究港口的论著和学科众多,分别从不同的角度对港口进行研究,从而产生众多专门或兼论港口的学科,包括港口地理学、港口经济学、港口工程学、港口装卸工艺学、港口企业管理以及运输经济地理学等。其中,从区域发展的角度研究港口形成与发展的区域自然条件、交通运输条件以及港口与城市、腹地经济发展相互关系等内容是经济地理学的一个重要研究领域。国外在这一领域积累了大量的文献,对这些理论与成果做深入的回顾分析,对我们进行现代港口与区域发展系统研究具有重要的借鉴意义。

1.1　国外港口与区域相关研究

国外学者对港口与区域相关理论研究始于 20 世纪 40 年代。早期以德国学者高兹(Kautz)对海港的选址区位研究为代表。随后,自 20 世纪 50 年代中期以来,国外学者开始对港口与区域发展的相互关系展开全面的探讨,主要包括港口工业化、港口与腹地、港城关系以及港口区域空间结构演化等方面的研究。

1.1.1　港口选址区位研究

在 20 世纪 40 年代之前,学界仅仅是对港口的各种地理现象进行单纯的描述。直到 1934 年德国学者高兹发表了《海港区位论》一书,开创了港口区位理论研究的先河。高兹应用韦伯工业区位论的思想和方法,把港口和腹地联系起来分析,以总体费用最小原则来求出海港建设选址的最优区位(杨吾扬、梁进社,1997)。高兹认为,决定海港选址区位的有运输费用、劳动力费用和资本投入三个主要因素,它们共同构成港口区位因子体系。其中,运输费用决定海港区位的基本方向,劳动力费用和资本投入对由运输费用决定的港口区位进行修正,最终得到最优区位。最优区位的主要内容包括:① 指向海上距离最短的位置;② 指向建港投资最小的地点;③ 指向连接海港的廉价运输的腹地。

　　高兹是对港口的选址区位进行系统研究的第一人,尽管他忽视了资本主义发展历史过程,也缺乏对垄断、政府政策及货流的相关分析,但他所创立的海港区位基本理论对今天的港口区位研究仍具有重要意义,他被称为近代港口区位研究的奠基人。《海港区位论》也是目前关于港口区位研究的最为完整的著作。

　　自高兹之后,关于港口区位的专门研究较少。直到 20 世纪 60 年代,英国学者 Bird(1963)从港口设施建设的角度对港口区位进行专门研究。在对不列颠群岛的一系列主要港口进行综合考察后,他总结出著名的"任意港模型"(anyport model)。该模型根据港口设施的增建和技术的演进,将港口区位发展分为原始发展、顺岸式港口扩展、港池式码头发展及专业化码头发展四个阶段。"任意港"模型为分析港口区位的发展阶段提供了一种简单易行的方法。同时,Bird 首次揭示出随着港口设施的增建、技术的演进以及功能的扩展,港口与城市之间的空间分离将成为必然的趋势。

1.1.2　港口工业化研究

　　20 世纪 50 年代中期,基于大宗货物远洋运输产生的海运革命极大地降低了长距离海洋运输的相对成本,能源和原材料出口与消费市场的地域分割、海上和港口运输以及装卸技术的快速发展,在凯恩斯主义的引导下,许多国家将依托港口空间的工业化增长,即临海工业开发区的建立作为政府对国家经济干预的焦点,以促进新的区域增长点的形成。港口工业化也成为这一时期港口与区域发展研究的重点和热点。其中,Hoyle and Pinder(1981)主编的论文集《城市港口工业化与区域发展》便是这一时期关于港口工业化研究的主要文献。

《城市港口工业化与区域发展》是把港口发展、城市扩张、工业发展以及区域开发的交互作用作为研究的主题。其中,港口工业化对区域经济发展的作用是分析的重点。例如,Hoyle and Pinder 在《海港、城市与交通运输系统》一文中指出海港是经济和文化交互作用的最重要的中心;交通一体化是港口最基本的功能,但是作为多式联运的重要节点,港口往往发展成为一个主要工业集聚点和重要的就业地点,以及国家和地区经济发展的增长极点。Vigarie 的《临海工业开发区结构演化及其对区域发展的影响》是《城市港口工业化与区域发展》一书中最具代表性的文章。该文指出,工业化是 20 世纪 60 年代以来港口国家实施的最主要的港口发展战略;临海工业开发区起源于莱茵河三角洲,并逐步向西欧其他沿海地区以及日本和东南亚发展中国家扩散,先后经历了三个发展阶段,即以重工业为特征的沿莱茵河阶段,多种类型的工业和航海贸易功能综合的第二阶段,向发展中国家扩散的第三阶段。在该文中,作者还预测了 20 世纪 80 年代以后临海工业区在发达国家将重新受到重视,从而进入以科学技术发展为基础的第四个发展阶段。Vigarie 还用实例阐述了临海工业开发区的空间格局发展。

与此同时,国外学者对全球范围内正在兴起的自由港或者许多国家在其主要港口设置自由贸易区、出口加工区、免税区等类似于自由港的现象进行了深入研究。例如,Pollock(1973)通过对欧美发达国家以及亚非等发展中国家进行实证研究,全面地分析了自由港、自由贸易区、出口加工区的建设对区域经济发展的贡献。Pollock 指出,发展中国家在主要港口设置出口加工区,有利于提高工业出口量,并成为重要的经济增长极,带动区域经济发展;发达国家在主要港口设置自由贸易区则有助于增加就业。同时,他还分析了设置自由港或设置自由贸易区和出口加工区的港口所具有的区位要素特征。

1.1.3　港口与腹地关系研究

港口与腹地之间关系的研究有着悠久的学术渊源。腹地的存在与变化体现了港口与城市、区域之间的相互依存关系。20 世纪 50 年代，Patton 和 Morgan 等人的研究都表明，腹地在港口形成与发展过程中起决定性作用。到 20 世纪 60 年代，学者们对港口与腹地相互依存关系有了进一步的认识，认为港口发展是区域经济增长的重要因素，港口建设应成为国家和区域的政策重心。

随着世界经济、贸易的持续发展，以及港口与内陆交通联系网络的不断改善，欧美国家不同港口之间对腹地的货源竞争日益激烈。西方学者对港口与腹地的关系研究不再局限于单个港口，而开始从区域和整体的角度出发，对相关港口之间的相互竞争进行了分析。起初只局限于对港口的陆向腹地竞争的探讨，稍后逐渐深入到海向腹地竞争，以及对水—港—陆综合费用优势的分析。20 世纪 70 年代以后，相关港口之间腹地竞争的研究扩展到劳动力费用、铁路连通性、港口可达性以及土地可得性等因素。

20 世纪 70 年代末，运输的集装箱化和全球经济一体化打破了港口与腹地之间传统的运输联系网络。在集装箱时代到来之前，件杂货港口服务的腹地普遍很小，大部分港口货物的来源地与目的地距离不远，一般为几百公里。尤其是 20 世纪 80 年代以后，全球经济一体化的迅速发展为港口带来了丰富的货源，同时也极大地刺激了航运业的技术进步。集装箱运输及随之迅速发展起来的国际多式联运极大地扩展了港口的腹地范围。货源地和目的地可以距离港口数千公里以上。在新的技术条件下，传统的腹地概念也发生了很大的变化，港口之间的竞争更趋激烈。Slack（1994）等人的研究表明，一些港口（如巴尔的摩）由于解除了政府管制，加强与铁路的协作，从而强化了原有的区位优势，使腹地得到扩展；另一些港口却失去了原有的腹地，例如由于跨太平洋航线的兴起以及北美大陆桥的兴建，致使纽约丧失了对其传统腹地所具有的中心性。相反地，洛杉矶、长滩、塔科马和奥克兰侵入纽约的腹地。港口与腹地的关系更趋复杂化，腹地呈现多样化趋势，即腹地出现许多为集装箱服务的"旱港"（内陆集装箱中转站），工业、商业和交通运输管理更多地集中于此。传统的直接腹地概念受到较大冲击，传统港口仅成为多式联运模式下的一个中转站。张燕（2012）从时间、供需、港口运输三个不同角度分析了港口与经济腹地之间的关系，结合 VAR 模型对比港口和经济腹地互动发展情况，得出港口在区域经济发展中具有增长极的作用，能否发挥该作用需要腹地的支持；反之,港口经济腹地能够更好地利用港口,对腹地的发展也是极为重要的。Bottasso(2014)将空间溢出效应模型引入水运(港口)设施建设与区域经济发展关系的分析中,实证研究表明,港口建设不仅带动了本地经济发展,而且对邻近区域经济发展存在正向溢出效应。有关港口与经济腹地关系研究的广度和深度仍在不断拓展,仍然是港口与区域发展研究的一个重要内容。

1.1.4 港口与城市关系研究

国外对港口与城市关系研究概括起来主要有两个方面的内容:一是港口发展对城市经济的影响研究;二是港口与城市空间发展的相互关系研究。

港口发展对城市经济发展的影响历来受到港口所在城市政府的重视。国外学者往往针对某一特定港口,分析该港口相关活动对城市经济产生的各种直接影响和间接影响,以此为相关港口管理决策提供依据(Gripaios and Gripaias,1995)。港口对城市经济发展的促进作用往往是显著的,表现在创造就业岗位、上缴税款等多项指标上。港口与城市空间关系的研究最早在 Bird 提出"任意港"模型时就有所涉及。通过对英国主要河港历史变迁的空间轨迹的比较,Bird 提出随着港口设施的日益复杂化,港口日趋往下游迁移,港口与城市在空间上的分离将成为一种普遍趋势。在港城空间发展的相互关系研究中,国外学者更多地关注港城界面,即滨水区研究。

港口城市的滨水区并没有统一的定义。加拿大学者 McCalla(1983)认为只要某岸线近期存在活跃的港口生产活动,则该岸线两侧的用地就可成为滨水区;更多的学者把位于港区与城区界面的区域定义为滨水区。滨水区研究的背景是自 20 世纪 50 年代和 60 年代以来,由于临海工业区的大幅度扩张,以及港口深水化发展引起的港口与城市日趋明显的分离,逐渐导致港城界面的衰落。由于大部分港口活动已迁至城区以外的区域,位于港城界面的老港区因不再适宜港口生产而遭到废弃,往往成为一个令政府头疼、环境污染严重、犯罪率高的"问题区域"。著名的"滨水区复兴运动"就是在这样的背景下展开的。20 世纪 50 年代美国主要港口城市如波士顿、巴尔的摩、旧金山等率先提出并实施这一运动,之后逐渐扩展到北美其他城市和欧洲国家。滨水区的复兴引起学者和规划界的浓厚兴趣并给予很高的评价。美国学者 Hall

(1982)甚至认为滨水区再开发作为 20 世纪 80 年代港口城市规划与城市发展中的重大事件,其意义可与 20 世纪 50 年代修建高速公路运动和 60 年代的新城运动相提并论。第四次港口与城市国际会议(1993 年)、第五次港口与城市国际会议(1995 年)就是以港口城市的滨水地区再开发作为一个主要议题进行研究探讨。从会议提供的研究实例可以看到,世界各地许多港口城市正进行着长期艰苦的老港区重建过程,主要做法都是在港城界面地区引入新的、适应未来发展趋势的功能,包括休闲与娱乐功能、科技功能、第三产业功能以及文化功能,从而使这一区域在工业结构调整和运输技术发展的新条件下,成为港口城市的一个高品位的综合功能区。在欧美国家港口城市的滨水区再开发运动中,尤以美国的巴尔的摩内港和英国伦敦码头区的改造整治工程最具有代表性,西方很多学者对此进行了深入的探讨。

1.1.5 港口空间结构演化研究

国外对于港口空间结构演化研究主要集中在两个方面:

(1) 研究港口形成与发展的区位条件、港口与腹地、港口与陆地交通运输系统相互作用的问题。如 Taaffe,Morrill and Gould(1963)从港口与腹地的交通联系角度对港口空间结构演化进行研究。1963 年,他们共同发表了题为《欠发达国家的交通扩张》一文,以加纳和尼日利亚为例,首次建立了港口区域交通网络发展模型。他们认为,随着交通网络的扩张与不断发展,港口与腹地的交通联系得到逐步改善,腹地货流逐步趋于集中。此后,Rimmer(1977)根据对澳大利亚、新西兰海港空间演化的实证研究,对 Taaffe 等人的交通网络模型进行改进,归纳出港口空间结构演化的理想时序模型。Rimmer 的港口空间结构演化的理想时序模型将港口空间结构演化分为四个阶段:① 小港口分散、孤立发展阶段;② 伸入内陆的交通主干线的出现与港口扩张阶段;③ 支线相互贯通与港口集中化趋势出现阶段;④ 港口集中化发展阶段。

(2) 研究在一定地域范围内的港口体系演化过程,分析区域内众多港口如何竞争主枢纽港的地位,以及技术进步如何改变区域内港口空间结构和港口之间的相互关系。其主要代表有 Hayuth(1987)对美国港口以及 Hoyle and Charlier(1995)对东非国家的区域内港口的竞争及港口体系的研究。他们共同关注的问题是港口设备的技术水平、航运的发达程度及港口与陆路交通的联营等对区域港口体系形成与发展的影响。由于假设覆盖整个区域港口体系的是一个完全开放的市场经济体系,因此腹地的发展状况和不同港口腹地之间的差异性显得并不太重要。Hayuth(1988)还以同样的假设为依据,建立起一个以技术创新和扩散的视角研究区域集装箱港口体系的空间演化规律:区域港口体系经历五个阶段的发展,其中在区域主枢纽港出现之前有三个阶段,即前集装箱化阶段、初级集装箱港口发展阶段和各港口竞争之后集装箱向大港集中阶段;之后的主枢纽港的形成是航海、港口营运和陆上交通规模经济的结果;最后由于受到一些限制性因素的影响,如当区域经济发展到较高水平后,货物的空间流动性大为加强,大型港口(负荷中心)的运营费用不断上升,货流继续集中将产生所谓的"规模不经济",此时周围(边缘)港口将分流主枢纽港的货流,区域港口进入周边式发展阶段。Hayuth 的研究不仅进一步证实了在规模经济法则的作用下,港口体系内的集装箱货流同样具有集中化的趋势,而且他还发现,当集中化达到一定程度以后,分散化会成为港口体系内货流变动的主导趋势。由于 Hayuth 的模型能够很好地解释美国港口的发展,故对之后的港口区位的空间布局与结构演化的研究产生了重要影响。

目前有较多文献对港口或运输方式选择进行单独研究。在港口选择方面,Tongzon(2009)为货代选择港口的主要因素包括效率、班轮频率、设施和位置。Wanke(2017)等采用模糊推理结合社会网络分析法分析货主和航运公司的港口选择,他认为到港距离是主要因素。Larranaga 等(2017)构建多项离散选择(multi-nomial logit,MNL)模型及混合逻辑回归模型研究运输方式的选择,认为运输时间和成本是主要影响因素。Teye 等(2017)采用基于成本的MNL 模型描述货主对运输方式及陆港的选择。Nugroho 等(2016)采用巢式、混合式及混合巢式 Logit 模型研究货主和货代对港口和运输方式的选择。

1.2 国内港口与区域相关研究

20 世纪 50 年代初,我国地理学家黄盛璋发表《中国港市之发展》一文,可视为我国现代港口与区域相关研究的发端。文中根据大量的史实,论述近2000 年来我国沿海港口城市的布局特征及其主要影响因素。该文的许多结论与推论至今仍具有一定的现实意义。然而,在此后的 20 多年里,这方面的研究进展缓慢,港口与区域发展相关研究的专门性成果较少。我国实行改革开放政策以后,情况有了很大的改变。对外开放是从沿海地区开始,由此港口建设受到极大的重视,一方面对原有港口和港区进行大规模的改建和扩建;另一方面新建众多大中型港口,并以此为依托,构筑我国沿海对外开放和区域综合开发的新格局。新形势的发展对我国港口研究提出了更新、更高的要求,也促进了我国港口相关研究的蓬勃发展。近 20 年来,我国港口与区域相关研究在港口区域发展战略、港口与区域经济发展、港城相互关系和港口城市空间发展、区域港口群体组合等方面取得了较为明显的进展。

1.2.1 港口区域发展战略研究

这一方面的研究成果主要是典型港口案例的研究,侧重于对影响港口发展的各种区域条件的综合分析,包括自然条件、经济条件和社会、政治条件,以确定港口区域发展的战略方向与战略措施。如陈航(1988)对厦门港的发展条件与战略方向进行了研究。孙海燕、夏艳玲(2009)对青岛港的社会经济效益进行了分析,并提出了青岛港进一步推动青岛经济发展的措施。曾尊固(1988)对南通港的兴起和南通市的发展战略进行了分析。王达川(2018)针对目前沿海新港区开发在发展理念、开发时序、建设资金等方面存在的突出问题,提出了沿海新开发港区重点任务和相关措施。龙泓宇(2019)总结了重庆市港口经济特征,明确了目前重庆市港城发展阶段。王大鸣(2020)分析了辽宁港口整合后的发展现状,分析了制约其发展的瓶颈,给出依托大连自贸港建设,从而推进辽宁港口全面发展的建议。

1.2.2 港口与区域经济发展研究

港口与区域经济发展研究主要体现在港口物流同区域经济的互动关系研究以及港口带动区域经济发展等方面,具体通过区域案例表现出来。王晓凤(2016)以沿东陇海线地区的港口发展为例,从企业交易、产业市场及区域宏观角度说明港口对于区域经济的作用机制,强调了港口在经济发展中的地位。赵亚杰(2017)以中山港为例,引入经济学中的增长极理论,从港口利于创造区域生产总值提高就业率、利于产业集群形成以及促进产业转型升级角度进行分析,表明中山港口的发展对带动中山市区域经济、腹地经济和城市经济的繁荣发展具有积极意义。刘天一(2018)阐述了港口物流的含义,一方面从港口物流角度分析其推动区域经济发展的作用,另一方面区域经济也可助力港口物流的发展,从而体现二者间的互动机制。周雪兰(2019)从宜宾港口经济与区域经济发展的实际情况出发,使用 SPSS 统计软件对港口经济与宜宾区域经济的发展关系做定量分析,在得出二者具有正向相关性的前提下建立计量经济模型,结果表明港口经济对宜宾当前经济发展具有推动作用。

1.2.3　港城相互关系和港口城市空间发展研究

港城相互关系与港口城市空间发展的研究仍以港口个案探讨居多。吴传钧、高小真(1989)以我国北方若干海港城市为实证研究对象,以动力结构的演变为基础,探讨海港城市的一般成长模式以及动力结构演变与城市之间的相互关系。陆峰(1997)和徐永健(2000)分别以山东沿海港口城市和广州港为实证研究对象,对港城相互关系和港口城市空间发展进行探讨。郑弘毅(1982)则从一般城市发展共性和港口城市发展个性相结合的角度上,阐述了港口城市的空间规划问题。许开端(1997)则从港口城市发展的历史实证考察入手,分析港口城市的产业布局和区域经济布局,对莆田港和莆田市的建设与空间发展进行了较为全面的研究。姜超雁等(2013)通过建立多年时滞的动态投入产出模型考察港口活动对区域经济的贡献程度。Song and Geenhuizen(2014)通过构造 Cobb-Douglas 生产函数,研究 1999—2010 年我国五大港口群的基建投资对区域经济的产出弹性问题。段福运(2017)立足于大连市的实际,研究大连港口发展与大连市经济发展之间的互动关系,推动港城一体化发展。刘峻源(2017)系统分析了天津港口的分阶段动力机制、空间发展演变规律,基于天津市空间结构发展现状,从发展方向、空间发展模式和优化引导策略三方面提出天津港口城市空间优化建议。沈兆楠(2017)收集了 15 年内秦皇岛市港口、城市经济指标,对秦皇岛市港口与城市耦合度做了实证研究,提出实现港城协调发展的建议。隋玉亭(2018)利用计量经济学方法对荆州港口与城市经济发展进行分析,提出了构建港城空间格局、调整港区功能、完善基础设施等港城协调发展的策略,为城市空间发展战略制定提供支撑。富宏亮(2019)以董家口港城规划为例,运用港城联动的相关理论,剖析了立足港区功能定位,以及与之相匹配的产业、城市发展思路。孙静雯(2019)以青岛市港口、产业与城市的历史发展脉络为研究对象,辨析其演化特征,结果表明青岛市港口与城市发展之间形成了良性互动。

1.2.4 区域港口群体组合研究

国内从区域和整体的视角对港口进行的研究主要见于陈航和曹有挥等人的相关著作。陈航(1996)发表的《论海港地域组合的形成机制与发展过程》一文,对海港地域组合的概念、中国海港地域组合的区划方法、形成机制和发展规律进行专门讨论和总结。曹有挥(1999)则对安徽省长江沿岸港口体系的规模组合、空间结构进行初步分析,并探讨了江苏省长江沿岸集装箱港口群体基本特征与发展战略方向。随后,他以长江下游(干流)沿岸诸港为例,对河港地域系统进行较为深入的研究。随着经济全球化发展的加快,区域港口群内部港口之间的发展趋势开始变为以合作求竞争。Wang and Slack(2000)对香港中心枢纽港及其腹地以及珠江三角洲集装箱港口体系的发展演化进行了探讨。俞海宏(2012)基于长三角港口群的运作基础,运用系统动力学的研究方法,以港口群整体效率为研究角度,构建了港口群效率检验的系统动力学模型。贺志超(2016)通过灰色关联度分析发现珠三角港口群集装箱吞吐量与其腹地经济增长呈正相关关系,通过 VAR 模型分析得出港口集装箱吞吐量对腹地经济发展有较强的正向拉动作用,从而得出珠三角港口群之间应该相互加强协调,以推动港口群与腹地的互动发展。赵新宇(2016)立足于台州市港口发展的实际情况,通过 SWOT 分析方法系统地分析了台州港口发展所面临的优势、劣势、机遇和威胁,探讨了如何高效利用台州市港口资源及推进港口一体化发展的进程。李珊珊(2017)基于基元理论、社会网络分析、博弈论和复杂网络演化分析方法,针对如何在区域港口群竞合网络中正确定位港口功能,如何规划和建立最优港口群竞合关系,进行了研究。王东磊(2019)结合阻滞增长模型,建立了津冀港口群系统自组织演化模型和自组织与他组织复合演化模型,并分析不同情况下模型的稳定性,最后对津冀港口协调发展和演化提出建议。姜乾之、李娜(2020)分析了长三角港口群演化过程及其协调发展存在的瓶颈,探讨了其协同发展的战略举措。王栋(2020)主要对长江下游的江苏港口群和上海港口群的港口竞合关系进行分析,考虑港口群内港口合作和港口群间港口竞争,研究长江下游江海中转港口群竞合博弈问题,从而为港口群的港口竞合关系提供理论支持。

1.3　国内外港口与区域相关研究评价与启示

1.3.1　对国外港口与区域相关研究的评价

20 世纪 40 年代初期,德国学者高兹的《海港区位论》掀开了国外近代港口与区域相关研究的序幕。从港口建设的选址区位研究开始,国外港口与区域相关研究的范围不断拓展。港口被认为是现代综合交通网络的重要节点和区域系统的重要组成要素。

国外港口与区域相关研究的涉及面较广,不仅研究港口的陆向腹地,还研究港口的海向腹地;不仅涉及港口与城市、区域的发展,还涉及国际贸易、国际政策等方面的内容。这些研究也取得了较大的成果,对世界各国的港口发展具有重要的指导作用。然而,需要指出的是,国外港口与区域相关研究仍然存在一些不足之处。

(1) 西方学者的很多研究主要是以发达国家为背景展开的,对发展中国家的相关研究相对较少。例如,尽管学者们认识到港口工业化是全球性的现象,有关发展中国家港口工业化发展的研究却较为薄弱。尤其在 20 世纪 80 年代以后,由于对环境保护的日趋关注,发达国家和地区的港口工业化发展普遍受到当地社区的抵制,一些重化工业逐步向发展中国家和地区转移,但国外对发展中国家港口工业化的研究较为缺乏。

(2) 国外学者虽然从多角度对港口和区域发展进行了研究,尤其在港口地理学研究上取得了较大成果，也有从内陆交通运输网络角度出发，探讨在区域内港口的形成与发展过程中的规律，但从内陆交通运输与海洋贸易、海运技术等结合的角度，对港口与区域发展进行研究的专门著作并不多见。例如，Taaffe 等人(1963)从交通运输网络的时空变化来推导港口空间发展模式，着眼于内陆运输网络的发展导致港口及内陆中心空间过程的演变，其研究重视内陆运输条件，忽视了海洋贸易、海运技术对区域港口空间布局模式的影响。Rimmer 则着眼于海港体系的演化，忽略了内陆中心的空间演化。此外，二者对区域经济社会条件的发展变化都有所忽略。

（3）尽管大量的新兴学科、交叉学科的引入以及计量地理革命的深入对港口研究方法产生了重要影响，例如 Hayuth(1994)在港口区域体系研究中，根据系统论的思想，运用解释性模型和操作模型；Kuby and Beid(1992)运用吉尼系数模型计算出全美国港口体系杂货集中程度的变化状况。然而，定量化研究在港口与区域发展的相关研究中仍不多见，尤其在港口群体对区域内共同腹地的吸引和相互作用的研究方面，多采用定性描述，缺乏定量研究，从而在相当程度上限制了分析的深度和准确性。目前这一问题已经受到国外学者的广泛重视，预计这一方面的研究将不断深入。

（4）随着全球经济一体化的迅速发展，港口功能呈现出多元化发展的趋势，但是相关的研究并没有适时展开。

1.3.2　对国内港口与区域相关研究的评价

与国外相比较而言，国内对港口与区域发展的相关研究较为薄弱，无论在广度与深度、理论与方法上都存在着明显的差距。这与港口在我国当前区域发展中所处的地位和发挥的作用是不相称的。20 世纪 80 年代以来，中国地理学界开始关注港口与区域发展研究，在港口区域发展战略、港城相互关系和港口城市空间结构发展，以及区域港口群体研究等方面取得了一定的成果，但在诸如港口工业化与区域发展的相互作用与影响、相邻港口之间的竞争与合作等重要方面的研究仍十分欠缺。在对港口与腹地关系方面，学者们多以陆向腹地的研究为主，而对海向腹地的研究较少。即使在研究陆向腹地时，往往只注重港口的直接腹地，对相邻港口的共同腹地的研究十分薄弱，借助数学模型进行量化分析的更是凤毛麟角。此外,尽管交通运输研究学界和业界都认识到港口的重要作用,并分别把港口作为本领域研究的重要内容,但把交通运输研究和地理研究结合起来,对现代港口与区域发展进行系统研究的课题和成果并不多见。事实上,一方面,现代港口不仅是区域综合交通运输网络的重要节点,而且还是区域发展的重要组成要素;另一方面,区域交通运输发达与否关系到港口是否能在区域发展中发挥积极作用,真正成为区域经济发展的"增长极"。因此,在港口研究中把二者结合起来是十分必要的,这一领域有待于进一步拓展。

1.3.3　国内外研究成果对本书的启示

国内外港口与区域发展相关研究成果对笔者的研究具有重要的借鉴意义,对本书的写作有着重要的启示作用。

(1) 港口的形成与发展不仅与特定的自然地理条件相关,更重要的是与特定的社会经济发展需求有关。因此,港口不是一个单纯的地理位置概念,而是一个区位概念。

(2) 港口区位的发展不仅是航运业本身发展的结果,更重要的是港口以及与之相关的区域系统发展的结果。也就是说,现代港口区位发展是现代海洋贸易、海运技术与区域内陆交通、经济社会相互作用的结果。因此,研究现代港口区位发展的机制和规律,应综合考虑海洋贸易、航海技术和内陆交通运输、区域经济与社会系统的共同发展。

(3) 港口工业化是发展中国家的港口区位作用于区域系统并成为区域经济发展"增长极"的一个重要环节,尤其当前随着国际贸易和全球经济一体化趋势的迅速发展,港口功能也日益多元化。因此,港口工业化与多元化应成为当前港口区位研究的主要内容之一。

(4) 在市场经济条件下,相邻各港之间的相互竞争和相互影响是客观存在的。这正是区域港口体系形成与发展的机制所在。争夺腹地货源是港口之间竞争的主要内容,因此借助相应的数学模型,进行定量化分析,科学计算各港对腹地货源的吸引力、预测港口区位的发展趋势是必不可少的,也是进行港口规划和宏观调控的基础和必要依据。

（5）在全球经济一体化条件下，集装箱运输和国际多式联运模式是现代综合物流发展的必然趋势，将对现代港口的功能和性质产生重大影响。因此，研究集装箱运输和国际多式联运模式的发展对港口区位发展的影响应是现代港口区位研究的一个新的重要内容。

（6）国内外港口与区域发展的相关研究表明，港口与城市关系经历了从相互依存到空间上相互分离的发展阶段。在当前的世界贸易和经济发展背景下，港口区位功能的实现不可能独立于城市之外，港口之间的竞争不再仅仅依靠自身的基础设施和装备。港口作为沿海经济活动的核心，港口所需的系列服务是港口自身无法提供的，应由港口都市区来提供。只有这样才能保证港口的竞争力。港口与城市要持续发展，港城之间必将再度结合，新的港城关系是协调发展的关系。因此，关注港城界面，即滨水区的复兴和再开发，着眼于新的港城一体化和协调化关系的研究是现代港口区位研究的另一个重要内容。

第 2 章
现代港口区位的基本性质

20 世纪 80 年代以来,在全球经济一体化、知识经济与信息产业以及集装箱运输与多式联运迅速发展的背景下,世界上一些地理位置和水深条件优越、集疏运条件较好、周边经济发展水平较高的港口得到迅速发展,成为第三代港口,即现代港口。与传统港口相比,现代港口具有新的区位性质,在区域乃至世界经济发展格局中占据更为重要的地位。

2.1 现代港口区位是生产力布局的基本指向

生产力布局理论认为,"趋优分布律"是生产力因素空间组合方式发展变化的基本规律,即生产力诸因素总是客观地、必然地向着自然、技术、经济、社会等方面有着某种优势的地域空间聚集(许开端,1997)。因此,生产力布局具有明显的区位指向,即某些区位对生产力因素的空间集聚具有特殊的吸引力,生产力布局取决于各种相关因素的力量对比,指向引力最大的区位。正是由于生产力"趋优分布律"的影响,社会经济活动在空间上基本上沿着四个指向发展:

(1)自然资源指向:矿产资源的分布决定了在其周围发展起来的各种工业及相应类型的城市。

(2)劳动力指向:在廉价劳动力密集或劳动力素质较高和技术雄厚的地区往往兴起轻型工业和高精尖产业及相应的城市。

(3)交通区位指向:在交通枢纽或优良的港口周围。

(4) 市场指向:在区域性或国际性市场中心或贸易中心。

由于新的科技革命带来科学技术的进步,自然资源的节约,各种新能源、新材料的问世,特别是由于交通运输工具和技术的进步,以及信息技术的发展,使地面空间距离和运输时间相对缩短,在单一国家或局部地区,生产对自然资源的依赖度相对下降;相反,由于国际分工向纵深发展,全球经济一体化趋势明显增强,商品的国际交换在世界商品生产链中的地位和作用更加突出,交通区位指向的重要性出现超越自然资源指向的趋势。交通区位尤其是在连接海陆两个扇面的优良港口,在沟通商品生产地与能源、原材料供应地以及产品消费地中具有特殊的地位和作用。它不仅为生产力因素在国际范围内的最优化组合提供了广阔的选择渠道和众多的替代机会,还通过协作半径的绝对延长、大中跨度经济循环的参与、全方位贸易的开展等,促进生产力的快速发展。因此,优良港口是现代生产力聚集的最佳区位,是人类跨向海洋文明的桥梁。这些可以在许多国家经济高速发展和振兴中得到证明。世界上许多国家和地区都是在以港口为中心进行生产力布局,以发达的海上运输弥补国内自然资源的短缺、经济腹地的狭小和国内市场的有限性。例如,日本是一个资源非常匮乏的国家,但由于充分利用东京、横滨、神户、大阪等港口区位优势发展相关的产业,带动了整个国家经济的腾飞。新加坡依靠年吞吐量 2 亿多吨的世界第二大港,发展成为一个以机械、外贸、运输、服务、旅游为支柱的现代化工业经济国。韩国以及我国香港、台湾地区经济的发展也得益于港口的繁荣。以上分析表明,优良港口及其邻近地区,最有条件、最有可能形成较大规模的城市,且处于整个区域的中心位置上。

2.2 现代港口区位是综合物流系统的重要环节

现代综合物流业逐渐取代传统运输业是当前社会向后工业时代、信息社会时代转变的重要特征之一。与传统的运输相比,现代综合物流的含义更为广泛,包括运输、仓储、配送、包装、装卸、流通、加工及信息处理等多项活动。其最为显著的特征是与供应链密切结合,目的是实现无缝隙的供应链接和系统优化。由于现代综合物流服务综合考虑了物流全过程各环节和各方面因素的共同影响,使其达到最佳平衡状态,提高了服务质量与效率,大大降低了产品的流通成本,因此,现代综合物流业的发展受到各国政府和企业的高度重视,被看作是贸易成功的驱动因素和企业"第三利润源泉"。在世界范围内,现代综合物流业被广泛接受并成为一种新发展方向。

随着全球经济一体化的不断发展,现代港口在世界性的生产、交换、分配、消费等方面的区位作用日益突出。有关研究表明,世界著名的跨国公司崇尚的是在世界范围内寻求有利可图的生产布局。而世界性的生产与消费,在从生产基地到最终用户这一过程中,各个环节的总体优化一般要具备四项基本条件:

(1) 尽可能好的生产要素。

(2) 尽可能短的无效时间。

(3) 尽可能低的流通费用。

(4) 尽可能实现产品生产的合理集中和分散,实现规模经济效应和集约经营。

现代港口在生产环节中发挥了越来越重要的作用。由于世界再生产过程由工业化国家从海外购买原料——本国加工制造——输出产品的传统国际垂直分工模式,发展为以直接生产过程国际化为代表的现代国际水平分工模式。原来在一个国家的某个企业通过不同车间、不同工种、不同工序生产的产品,现在却分散到世界各地,通过各子公司的分工合作来组织生产。分工生产零部件、集中进行装配,已经成为制造业跨国公司越来越流行的生产模式。这种生产模式促进了全球范围内生产要素的重组、优化配置和市场一体化发展,给港口货种结构和增值服务带来了深刻的影响。一方面,原材料等低价值、高重量的货物在总运输量中的比重在不断下降;另一方面,产品的零件、部件、配件、仪器、仪表等高附加值、低重量的货物,以及电子、信息、生物工程制品等高新技术、高附加值的适箱货物的比重在不断上升,这一趋势恰好说明了现代港口在世界再生产过程诸多环节中的衔接作用在进一步增强,在国际物流体系中的增值作用在不断地增强(赛令香、赵锡铎,2001)。

随着经济全球化的发展,世界贸易发展迅速,不仅贸易规模有了大幅增长,而且贸易格局也发生了较大的变化。世界贸易中心出现了多级化发展的趋势。20 世纪 80 年代以来,世界贸易中心改变了以前主要集中在欧洲和北美东海岸的格局,在全球范围内逐步扩散,亚洲地区已经成为目前世界贸易活动最活跃的地区之一。同时,世界贸易对象发生了重大变化。发展中国家开始注重原材料的深度加工,以提高产品的贸易价值,原材料与初级产品的交易量不断降低,半成品与成品贸易量迅速增加。

世界经济贸易的发展变化,对港口区位产生了重要的影响,主要体现在以下三个方面。

(1) 随着世界贸易格局的变化,产品的生产和消费呈现全球化的特点。

世界主要的贸易和生产企业都提出了明确的"全球经营战略",即"在成本最低的地区生产,在价格最高的地区销售",使得世界贸易格局发生了显著的变化,产品的生产和消费呈现全球化的特点,进一步促进海运需求的迅速增长。以世界集装箱运输为例,进入 20 世纪 80 年代以来,世界集装箱运输量以年均 9% 的速度增长。

(2) 半成品和产成品贸易量迅速增加,导致运输技术和运输方式的变革。

随着原材料与初级产品的交易不断减少,成品贸易量迅速增加,货主对运输的质量、时间和安全性提出了更高的要求。货主对运输成本的考虑不仅局限于水运环节,而是更加强调运输的整体环节,从而引起运输方式的变革,国际集装箱多式联运在全球范围内迅速发展起来。随着运输集装箱化率的不断提高,不同运输方式之间的协调配合受到高度重视。"门到门"运输服务方式的兴起给港口的日常运营管理带来了巨大的变革,同时也带来了加强运输组织"软环境"建设的迫切性。

(3) 现代物流逐步取代传统运输业迅速发展,港口成为物流链的关键节点。

20 世纪 80 年代以后,世界主要港口陆续发展成为第三代港口,如鹿特丹、纽约、新加坡等。20 世纪末,我国港口所取得的发展成就,主要停留在第一代港口功能的强化上,即作为水陆联运枢纽,装卸功能和转运功能的强化。进入 21 世纪,一些重要大港,尤其是沿海主要港口,例如上海港、深圳港发展迅速,表现为港口与工业化进程同步,大规模地接卸海运进口原料和输出产品,港区与工业设施紧密结合,港口功能相对扩展,成为运输枢纽和工业活动基地,并朝着集物流、资金流、信息流于一体的资源全球配置型的国际贸易综合运输中心和后勤基地的第三代港口发展。本书所指的现代港口,主要是第三代港口,以及正处于从第二代向第三代发展中的港口。

货主从传统的追求运输成本最小化转向物流高效化的市场经营战略,促使现代物流逐步取代传统运输业而迅速发展起来。港口是最基本的运输节点,当传统运输向现代物流发展时,现代港口也随之从运输节点发展到物流节点。作为运输节点,港口的功能是连接物流链中的海运和陆上作业两部分,其核心业务是提供各种运输方式以及运输方式之间的有效转换服务,作为物流节点,现代港口除了具有运输节点的功能外,还具备储存、集散配送、加工制造、商业贸易等功能,即通过四个转换过程增加产品效用:时间效用(储存)、空间效用(集散、配送)、功能效用(加工、制造)和所有权效用(商业贸易),从而实现产品增值(宋炳良,2001)。港口的所有活动直接或间接地服务于整个物流系统。功能的扩展,使现代港口区位已经超出了传统的仅作为转运功能区位的范围,形成一个由转运、配送、仓储、工业和贸易等功能多元化发展的综合性区域。

科学技术在航运、港口作业、管理等领域的运用,是港口区位从传统的运输节点转化为现代物流系统重要环节的基础和保障,其中尤以集装箱化和港口运营、管理的信息化最为重要。集装箱化不仅是一种运输工具或运输方式的革新,更重要的是,这种运输方式改变了港口的传统功能以及港口与腹地之间原有的互相依存关系,最终导致港口区位的整合和空间重组。这是因为集装箱运输的迅速发展打破了原来相对狭小的港口与腹地之间经济联系的格局,使世界各地的港口越来越处于同一个国际化的网络中运作。港口功能不再局限于传统的运输功能,所追求的不再仅仅是一个区域经济活动的中心,而是在提供更加高效、安全、便捷的货物运输服务的同时,在国际竞争中积极谋求一个对于自身发展更为有利的位置(李王鸣,2000)。尤其自 20 世纪 80 年代以来,随着集装箱化的迅速发展和完善以及国际集装箱多式联运的形成与发展,促使世界主要港口的腹地进一步向周边扩展,小港成为大港的腹地,在内陆出现了为集装箱运输服务的"旱港",港口与腹地的关系涉及更大的空间范围。集装箱化已经改变了港口作为运输中心承担货物装卸的传统功能,成为全球物流链中的一个环节,只有从世界运输体系的全局出发,从洲际关系的发展前景出发对港口进行考察,才有可能正确判断港口所处的背景、地位及港口与腹地的关系,才能真正把握港口的区位性质(Graham and Hughes,1985)。

2.3 现代港口区位是港口型经济发展的主要载体

现代港口与传统港口的一个最为显著的区别在于现代港口区位功能的多元化发展,主要表现为现代港口区位在产业化基础上,港口与所在城市相互依存、相互作用,共同形成的港口型经济综合体,港口则成为港口型经济的主要载体。所谓港口型经济,是指与港口直接或间接相关联的各产业经济结构密切联系在一起的复合型经济,是紧紧依托港口形成的经济活动形式。它是以优良港口为窗口,以邻近区域为中心,以一定的腹地为依托,展开生产力布局,通过高强度、密集型的开发,发展与港口密切相关的特色经济,并产生较强的经济集聚、扩散和辐射效应,带动整个区域经济发展的区位优选型经济模式(许开端,1997)。

港口产业化是港口型经济形成与发展的前提。20世纪50年代中期,伴随着海上和港口运输、装卸等技术的快速发展,极大地降低了远距离海洋运输的相对成本,同时由于能源和原材料出口与消费市场的地域分割,西方许多发达国家依托港口区位的产业化增长,即将临海开发区的建立作为政府对国家经济干预的主要焦点,以促进新的区域经济增长点的形成。例如,Hoyle和Pinder在《海港、城市与交通运输系统》一文中指出,海港是经济和文化交互作用的最重要的中心;交通一体化是港口区位的最基本功能,但是作为多式联运的重要节点,往往发展成为一个主要产业集聚点和重要的就业地点,以及国家和地区经济发展的增长极(Hoyle and Pinder,1981)。

20世纪60年代以来,建设临海开发区,港口工业化战略成为大多数港口国家实施的最主要的港口区位发展战略。临海开发区发源于莱茵河三角洲,

并逐步向西欧其他沿海地区以及日本和东南亚发展中国家扩散,先后经历了
三个发展阶段,即以重工业为特征的沿莱茵河阶段、多种类型的工业和航海贸
易功能综合的第二阶段、向发展中国家扩散的第三阶段。产业化是世界各国
实现经济现代化的重要途径,也是港口区位功能多元化发展的必经之路。在
港口产业化开发初期,港口地区主要布局了劳动密集型产业,对劳动力的大量
需求促使内陆的农村人口向港口地区集中,而运输和装卸作业也需要大量的
码头工人。在工业和人口向港口地区集中的同时,生产和生活服务业以及商
贸业也发展起来。港口产业化是港口城市发展的重要阶段,不仅对港口城市,
而且对更大的区域甚至整个国家的经济发展产生了重要影响。

　　从国际上看,港口的现代化与港口产业化是相辅相成的。例如,横滨港在
建设港口基础设施的同时,十分注重临海产业的发展,较早布局临海工业开发
区。早在 1928 年,日本就把川崎等地相邻的海滨填成陆地,成为京滨工业区
的中心。第二次世界大战后,日本针对国内资源匮乏的现状,充分利用港口条
件,在环太平洋的三湾一海地区填海造陆 11.8 万公顷,在面积仅占全国 24%
的土地上集中了日本 60% 的工业企业、80% 的产业工人、70% 的工业产值、
80% 以上的重化工业产值。西欧在第二次世界大战后的经济恢复阶段,在恢
复老的贸易港口的基础上,在港口地区建立新的重化工产业,引导产业从内陆
向临海地区迁移。1958 年,鹿特丹实施的博特勒克计划开创了西欧在港口地
区建立重化工业的新时期,在大约 1 万亩的土地上建立了石油、化学、造船等
临海工业,布局了临河沿海工业区、贸易中转基地和转口加工贸易区(张景秋,
1999)。

　　新加坡也是根据经济发展阶段和经济增长理论来开发港口地区和发展港
口经济的。在工业化初期的第一个十年发展时期,新加坡政府制定了以出口
为导向的外向型发展战略,建立面向出口的以纺织和服装为主的劳动密集型
工业作为带动经济发展的主导部门。第二个十年发展时期以重化工业来带动
经济发展,大规模发展炼油业。20 世纪 80 年代,新加坡以家用电器、电子技术
产品等技术密集型产业带动经济发展。20 世纪 80 年代末以来,以高科技工业
来促进经济往更高层次发展,实施国际化、自由化、高科技化和服务业中心的
"三化一中心"战略,重点扶植电子、信息和生物工程等高科技产业,将外向型

经济推向更广泛的国际服务领域。

纵观世界主要港口的发展历程,港口工业化对港口区位发展的作用和影响体现在以下五个方面(Hoyle and Pinder,1981):

(1) 工业的导入:吸引或产生直接相关或依赖于基础核心产业的工业部门。

(2) 协同地方发展:地方为临海工业区的发展提供支持与补给,促进工业区的区内、区际经济相互作用。

(3) 产业综合体的一体化:多种产业融合于工业区的一体化发展并产生自增长效应。

(4) 人口的导入:直接或间接吸引劳动力。

(5) 网络效应:工业区作为城市多种网络的引力中心,吸引人口和产业的迁入,增强自增长效应。

伴随着港口工业化,第三产业在港口地区得到迅速发展,国际一些著名港口城市的迅速崛起,在很大程度上得益于港口的发展。例如美国纽约、德国汉堡、日本横滨,其第三产业占 GDP 的比例均超过 60%,纽约更是高达 73%。这些大都市高度发达的第三产业是因为战后资本的国际化发展,使现代交通运输的改进与国际经济贸易联系日益加强。港口在现代经济生活中作为商业和金融中心的地位得以凸显。例如,纽约随着港口规模的扩大和功能的扩展,逐步成为世界最大的商业、金融和物流中心。它经运的进出口货运量约占美国对外贸易总量的一半,经运的国内沿海运输量在美国排第一。20 世纪 80 年代以来,纽约市的批发商每年营业额超过 1 000 亿美元,零售商营业额约为 200 亿美元。纽约集中了美国 2 900 多家金融、保险机构和 100 多家外国银行,美国最大的 10 家商业银行中有 6 家的总部设在纽约(刘秉镰,1997)。

港口工业与第三产业的进一步发展,促进了港口与其所依托的城市形成相互依存的利益共同体,即所谓"港城共同体"的形成。在港城共同体内,港口功能与城市功能交织在一起,共生共荣,其结果是使得作为货物转运枢纽的单纯功能区位的传统型港口向多元化经济功能区位的现代港口演化。当前世界主要港口大多是以现代化的城市群为依托。如纽约港以美国东北沿海城市群为依托;洛杉矶以美国太平洋沿岸中心城市为依托;横滨港以日本京滨城市群为依托;香港以珠江三角洲城市群为依托;高雄以台中、莲花、基隆甚至整个台湾岛为依托。相应地,港口经济内在各种因素相互影响最终导致港口城市的产生。随着港口的开发利用,港口经济发展到一定规模和水平,港口及其邻近的地区,凭借其有利的区位和水上交通运输等经济优势,逐步发展成为区域内最具有活力和潜力的新的经济增长点,并吸引更多的生产力因素向其周围集中。集中的结果必然产生聚集效应,反过来导致派生的生产力因素集中过程,吸引生产力进一步聚集,加速经济活动的集中。经济活动的集中又相应带动了人口及科技文化等活动的集聚,同时对港口及其邻近地区各种相应设施提出更高的要求,这样又促进了港口及其周围的各种设施的配套建设。如此循环往复、不断扩张过程,最终导致以港口为核心的港口城市的产生。港口城市的发展规模与港口经济的发达程度成正相关关系。港口城市的规模越大,港口型经济集聚和发展的可容空间也就越大,影响力就越强,辐射范围就越广。特别是国际性港口大城市,其人流、物流、信息流和资金流等经济能量的集中和扩散范围远远超过国界,达到前所未有的程度,客观上带动港口型经济向纵深延伸。

第3章
区位论、空间相互作用及港口区位势

    港口(本书主要指商港)往往只在一定的地方兴起和发展,并具有某种性质与规模。港口的形成与发展不仅与一定的自然地理位置相关,更重要的它是一种为特定的目的(主要是经济目的)而标定或设置的区域,因此港口不是一个单纯的地理位置范畴,而是一个区位范畴。

    任何一个港口都不是孤立存在的,而是特定区域系统的一个组成单元。港口区位的形成和发展是港口与区域系统长期交互作用的结果。港口与区域系统的这种长期交互作用,使得不同的港口拥有不同的区位条件,并在区域港口集合中占据不同的地位,发挥不同的功能和作用。以往对港口与区域系统的相互作用、相互影响的研究大多停留在定性描述的层面,定量研究相对较少。然而,现代自然科学和经济学均已证明,对有关过程进行精确描述,必须采用定量的而不仅是定性的方式。为此,本章将运用区位论及空间相互作用理论研究的方法,提出"港口区位势"的概念,建立"港口区位势"理论模型,对港口与区域系统的相互作用和相互影响进行定性与定量分析。

3.1　区位论及港口区位相关研究

3.1.1　区位论的产生与发展

    区位是经济学和地理学的重要概念。其含义除了空间位置之外,还有为特定目的而标定或设置的地区(或场所)的双重含义,即区位是特指企业、产业、设施等在空间经济格局中的位置。研究区位的理论和学说统称为区位论，或称生产力布局理论。区位论从出现至今，已经历了一个半世纪的历程，横跨了经济学和地理学两大科学体系，成为两门科学的主要内涵和互通桥梁，并成为区域科学的基础理论，在区域规划与区域管理等学科领域得到广泛应用。

区位论最早出现于经济学中，随后被广泛应用到地理学研究领域。德国经济学者杜能的《孤立国同农业和国民经济的关系》，根据资本主义农业与市场的关系，探索因地价不同而引起的农业分带现象，由此创立了农业区位论。20世纪初，德国经济学者韦伯的《工业区位论：区位的纯理论》一书，研究了工厂选址的相关因素，提出了工业区位论。20世纪30年代，德国地理学家克里斯塔勒出版了《德国南部的中心地》一书，根据聚落和市场的空间关系，建立了中心地理论。稍后，另一位德国经济学家廖什利用克氏理论的框架，出版了《经济的空间分布》，并提出产业的市场区位论。20世纪40年代，克氏著作由美国地理学者乌尔曼（Ullman）译成英文，从此在欧美地理学界广为流行，成为20世纪50年代以后地理学科计量运动的主要内容之一。其后，随着空间相互作用模式、各种规划模式的应用以及网络和扩散理论、系统论思想和运筹学方法的相继引入，区位论的理论和应用不断向纵深发展。归纳起来，区位论发展已经历了四个阶段：

（1）古典区位论。始于19世纪20年代，立足于单一的企业或中心，着眼于成本和运费最低，内容以第一、第二产业为主，其主要代表是杜能农业区位论和韦伯的工业区位论，高兹的海港区位论也属于古典区位论的范畴。

（2）近代区位论。始于20世纪30年代，立足于一定地区或城市，着眼于市场的扩大和优化，内容主要涉及第二、第三产业，其代表是廖什的市场区位论和克里斯塔勒的中心地理论。

（3）当代区位论。始于20世纪70年代，开始立足于整个国民经济，着眼于地域经济活动的最优组织。其涉及的产业部门，从早期的第一、第二产业到中期的重视加工工业和商业，直到近年来以探讨城市和第三产业为主体。其代表是艾萨德的《区域分析方法》中阐述的"区域科学"系统理论、哈格斯特朗的《作为空间过程的创新扩散》中阐述的新技术空间扩散理论以及俄林的《贸易学说》中阐述的国（区）际分工和国（区）际贸易理论。

(4) 新贸易理论及其区位论。20 世纪 80 年代以来,区位论发展的新趋势是其与经济学及贸易理论紧密结合起来,从而改变了传统经济学和贸易理论忽略了现实空间的不足。其主要贡献者是美国经济学家克鲁格曼(Martin,1996),他用外部规模经济性与运输成本结合来解释区域产业聚集和形成核心区域、边缘区域的重要环节,提出运输成本将阻碍生产在空间上的聚集;如果运输成本下降,厂商将在某一地区聚集以实现生产和运输业的规模经济效益。因此,西方学者普遍认为克氏的分析见解代表了一种全新的区位理论。

3.1.2 港口区位的相关研究

最早对交通区位进行研究的是交通地理学鼻祖德国学者考罗(Kohl)。1841 年,考罗提出了关于交通区位与人口聚集、自然因素之间的关系。他认为,交通发展与人口集中的形成是相互促进的,理想的交通线路布局应该是两地间的最短线路。但是,在现实中由于各种自然屏障的存在,交通线路一般不是沿直线延伸,而是呈曲线分布。交通线路受自然因素的制约较大,交通密集的地域自然障碍少。因此,交通布局一般是选择交通适应性强的区域。

最早对港口区位进行系统研究的是德国学者高兹。他于 1934 年发表了《海港区位论》,这也是目前关于港口区位研究最为完整的著作。高兹应用韦伯工业区位理论的研究思想与模式,采用经济与地理相结合的方法,以海港与腹地关系为基础,以总体最小费用为原则,创立了海港建设最优区位的系统理论(杨吾扬、梁进社,1997)。

高兹为了寻求海港的最佳选址区位,首先规定了若干假设前提条件,包括:① 腹地的发货和收货场所固定;② 海外港湾场所固定;③ 在劳动力供应无限的条件下,劳动力供给地固定,各地工资一定;④ 运输费率固定;⑤ 港湾输出输入的转运量一定。

根据最小费用原则,高兹建立起海港区位因子体系,其内容包括运输因子(运输费用)、劳动力因子(劳动力费用)和资本因子(资本投入)。高兹指出,决定海港区位的主要因素有运输费用、劳动力费用和资本投入。其中,运输费用决定海港区位的基本方向,而劳动力费用和资本投入对由运输费用决定的港口区位进行修正,最终得到合理区位。

（1）运输指向。影响海港运输的因素可以归纳为两个方面：一是运输距离（包括腹地距离和海上距离）；二是运费率。理想的海港区位应是腹地货物经由海港到达海外诸港的总运费最低的地点。

（2）劳动指向。劳动力费用既取决于装卸机械的能力，也取决于转运过程中人力消耗引起的支出。劳动力费用主要是工资和杂费支出。劳动力费用对运输费用决定的海港区位的修正可以表述为：与旧址（总运费较低地点）相比，如果迁至新址（劳动力费用较低地点），港址迁移所增加的运输费用大于所节约的劳动力费用，则不应迁移；反之，则应把港址迁至劳动力费用较低的地点。

（3）资本指向。由于海港建设费用巨大，需大量基本投资，故港口趋向于设备投资最小的地点。高兹认为，在经济上，海港设施投资可分为两类：一是河、内港、码头、栈桥等港湾本身的费用；二是堆场、吊车、起重机、道路等特殊的港湾设备投资。资本因子对海港区位的修正同样可以表述为：与旧址（运输费用和劳动力费用较低的地点）相比，如果迁至新址（基本投资较少的地点），因港址迁移所增加的运输费用和劳动力费用大于所节约的投资成本，则不应当迁移；反之，则应当把港址迁至投资成本较低的地点。由于一般情况下，第一类投资比第二类要大得多，并且与自然条件的关系极为密切，因此，与其他区位因子相比，良好的天然港湾往往成为重要的海港区位。高兹特别强调自然条件的区位作用，这是与工业区位论的不同之处。

高兹的海港区位论与杜能的农业区位论、韦伯的工业区位论仍是一脉相承的，尤其与韦伯的理论具有极深的渊源，他们的理论研究思想与方法基本相似，不同之处在于研究的主体。高兹的贡献在于他是第一个把港口和腹地联系起来分析，以总体费用最小原则来求出海港建设的最优区位。尽管高兹忽视了资本主义发展历史过程，也缺乏对垄断、政府的管理政策以及货流的结构等港口区位作用的相关分析，但他所创立的海港基本理论对今天的港口区位研究仍具有重要意义，他被称为近代港口区位研究的奠基人。

继高兹的海港选址区位研究之后，1948 年美国空间经济学家胡佛（Hoover，1948）发表的《经济活动的区位》是涉及港口区位研究的重要理论著作之一。胡佛的区位理论主要内容是对韦伯理论关于运输费用影响工业区位的作用方式进行修正和完善。1909 年，德国经济学家韦伯（Alfred Weber）发表了两篇著作《工业区位论——区位的纯理论》和《工业区位论——区位的一般理论及资本主义理论》，创立了工业区位论。韦伯指出，工业区位取决于三个方面：运输费用、劳动力成本和聚集。它们构成了工业区位的因子体系，工业区位论的核心思想是区位因子体系的合理组合，使企业成本和运费最低。按照这一思想，韦伯确定合理工业区位的工作程序，分为以下三个步骤：

第一步：韦伯研究运费对工业区位选择的影响，提出寻求运费最小的"运输指向"（orientation）是工业区位选择的首要因素。区位模式可用以下的数学模型表示：

$$J = \min_{s \in \Omega} \sum_{k=1}^{n} c_k M_k d(s,k) \qquad (3-1)$$

式中，$d(s,k)$ 表示原材料供应点或市场 k 与企业布局点 s 的空间距离，$d(s,k) = \sqrt{(x_s - x_k)^2 + (y_s - y_k)^2}$；$M_k$ 为某种原材料、燃料或者某种产品 k 的运输（重）量；c_k 为运费率（单位距离单位重量的运费）；n 为原材料供应点与市场点的数量；Ω 为所有可能布局企业或设施的位置集合。式（3-1）的意义是在 Ω 中找到一个点 s^*，使它到各个区位因子的总运费最小。

第二步：在确定了总运费最小点之后，韦伯根据劳动力费用与运输费用的比较，对上述运输指向确定的区位进行修正。当生产成本中运费的比重较大时，工厂区位指向主要由运费确定；反之，工厂区位指向于廉价劳动力地区。

第三步：由运费和劳动力费用综合确定的区位还必须根据聚集效应进行再一次修正，使工业区位发生大范围的形变。这是因为聚集可以带来内部经济性和外部经济性，从而降低生产成本。

韦伯的理论思想和区位模式几十年来一直为许多学者所推崇，成为奠定现代区域经济学的理论基础。可以这么认为，其后各种流派的区位理论，都是围绕着对韦伯理论的验证、质疑或完善而发展起来的。胡佛的区位理论就是重要的例子。

胡佛首次提出"运输费用结构"理论，将运输费用划分为装卸费用和线路营运费用两部分。由于包括仓库、码头、营业机构等开支的装卸费用不受运行距离的影响,因此,不同运输方式都存在着不同技术特征的运输费用递减现象,从而修正了韦伯理论中运费与距离成比例的基本图形。胡佛的理论还提出了运价率的概念,考查了在中转运输、回空运输、不同运输便利性条件下运价率的变化,从而论证了企业布局区位中的"中转点"现象,提供在港口区位和交通枢纽转换点发展工业的理论依据。胡佛的区位理论使人们认识到港口区位或交通枢纽作为工业区位的优势所在,导致20世纪50年代中期以后,西方国家建立临港工业开发区作为政府对国家经济干预的主要焦点,并促进区域新的经济增长点的形成与发展。

20世纪70年代,区域系统科学的奠基者、美国学者艾萨德(Isard,1991)提出了决定产业区位的三个经验准则:第一,遍在性原料的区位效应准则。遍在性原料(资源)倾向把产业区位拉向市场,减少产品运费。第二,失重效应准则。失重性加工过程增强了该失重原料产地对产业区位的吸引作用,减少废料重量比重大的原料的运输。第三,装卸费效应准则。装卸费的存在通常导致原料地和市场需求地提升了区位引力而降低了其他地区的区位引力。该准则进一步论证了港口产业化发展的区位意义和区位优势。

3.2 空间相互作用的理论及模型

人们在各种社会经济活动中发生着相互作用,这种作用当需要与距离联系时,就称其为空间相互作用。人类社会经济活动所产生的任何空间移动和潜在移动都是在空间相互作用驱动下产生的。为定量研究社会经济现象之间的空间相互作用,往往借鉴物理学中已建立起的定量方法,建立空间相互作用理论模型,主要有"引力模型""最大熵模型""区位势模型"。

3.2.1 引力模型

空间相互作用区位引力模型主要为求出区域内两个地点之间存在的相互作用量的大小而提出的。最早的引力模型是将牛顿的万有引力定律移植到社会经济问题的研究领域,因而又称为"牛顿模型"(或"重力模型")。

1687 年,牛顿提出著名的万有引力定律:在两个具有质量 m_1 和 m_2 而相距 d_{ij} 的物体间,存在一个相互吸引的万有引力 F,其大小与两物体的质量 m_i 和 m_j 成正比,与两物体间的距离 d_{ij} 的平方成反比,数学表达式为:

$$F = G\frac{m_i m_j}{d_{ij}^2} \qquad (3-2)$$

1929 年,美国学者赖利(Reilly)对得克萨斯州 225 个商业零售区进行了考察,发现商业零售区的规模越大,它从周围吸引到的顾客预期数量就越多。就距离而言,一个商业零售区从附近地区吸引到的顾客预期数量比从较远的地区吸引到的顾客预期数量要多。这与牛顿万有引力定律反映的物理现象之间具有极大的相似性,于是他借鉴物理学的万有引力定律,提出商业区的"零售引力法则",即商业区对外部某一地点的吸引力与商业区自身规模成正比,与两者之间的距离的平方成反比。商业区自身规模反映的是其市场的供应能力,用营业面积或营业量表示。

在图 3-1 中,商业区 i 的规模为 S_i,商业区 j 的规模为 S_j,它们之间分布着消费者线形市场,其中某一点 x 处有消费者规模 P_x,T_{ix} 和 T_{jx} 分别表示商业区 i 和商业区 j 对 x 点的吸引力。

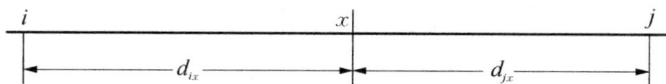

图 3-1 商业区对线形市场的分割

则有 $T_{ix} = \frac{S_i P_x}{d_{ix}^2}$,$T_{jx} = \frac{S_j P_x}{d_{jx}^2}$,两式相除,即得:

$$\frac{T_{ix}}{T_{jx}} = \frac{S_i}{S_j}\left(\frac{d_{jx}}{d_{ix}}\right)^2 \qquad (3-3)$$

赖利的主要贡献不在于上述十分基本的公式,而是在此基础上发展了一个识别空间中零售商控制市场范围界限的模型,即提出了划分商业区吸引范围的"市场边界辨识法"(market boundary identification technique)。赖利认为,辨识两商业区的市场边界,其实质就是寻找与两商业区吸引力的平衡点,

该点被定义为断裂点(breaking point)。求断裂点的步骤如下:

设 x 点为断裂点,则 $T_{ix} = T_{jx}$,即有 $\dfrac{S_i}{d_{ix}^2} = \dfrac{S_j}{d_{jx}^2}$;取 $d = d_{ix} + d_{jx}$,容易求得:

$$d_{ix} = \frac{d}{1 + \sqrt{\dfrac{S_j}{S_i}}} \qquad (3-4)$$

断裂点的实质是由一个吸引中心的市场优势区域转变为另一个中心的市场优势区域的转折点。将求出商业区 i 和周围若干个相邻的商业区 j 之间的断裂点,用平滑曲线连接起来,就可得到商业区 i 的吸引范围。

继赖利之后,引力模型成了地理学、经济学和规划工作的通行模型,并根据社会现象的复杂性对引力模型进行修正,得到地理空间相互作用的通用引力模型,其一般表达式为:

$$T_{ij} = k \frac{P_i^\alpha P_j^\beta}{d_{ij}^b} \qquad (3-5)$$

式中, T_{ij} 表示两个区位(城市、聚落或经济点等)的交互作用量(人流、业务流、资金流、信息流等), P_i , P_j 除了用人口规模来表示外,也可以用商业的零售额、就业机会、工业总产值、固定资产和流动资金等其他替代指标来表示,并根据两地间的年龄结构、消费水平、就业水平或生产率水平等方面的差异,加入不同的指数 α , β 。距离因素(d_{ij})也可以用多种方法测量,除了最常用的两地之间的地理距离外,还可用时间距离(当考虑路况条件时)、经济距离(考虑不同交通工具的成本时),甚至可用当考虑历史文化等因素时的心理感应距离来测量; b 称为距离摩擦指数, b 值越大,则表示随着距离的增加,相互作用量的衰减速度越快(杨吾扬、梁进社,1997)。

3.2.2　最大熵模型

20 世纪 60 年代,美国学者威尔逊又将统计热力学的"最大熵"概念借用到两地之间相互作用的理论与模式研究,建立了空间相互作用的"最大熵模型",

又称为"威尔逊模型"。

威尔逊假定,一个封闭区域系统是由若干个区域节点构成的节点区域,区域 i 到区域 j 之间存在流量为 T_{ij} 的区间流动,流强 T_{ij} 定义了区域 i 对区域 j 的相互作用强度,其中区域 i 是物资供应区域,区域 j 是物资需求区域,存在以下关系:

$$\sum_{j=1}^{M} T_{ij} = O_i, i = 1, 2, \cdots, M \qquad (3-6)$$

$$\sum_{i=1}^{N} T_{ji} = D_j, j = 1, 2, \cdots, N \qquad (3-7)$$

式中,O_i 是区域实际供给的物资总量,M 是提供供给的区域数,D_j 是区域 j 实际需求的物资总量,N 是产生需求的区域数。显然,式(3-6)的意义是从区域 i 输出到各区域的物资流总量等于它所能提供的物资总量;类似地,式(3-7)表示区域 j 接受的物资总量等于它的区域总需求。式(3-6)中,$i=1$,$2,\cdots,M$ 的意义是这样的方程有 M 个,类似地,式(3-7)代表了 N 个方程。这里的方程组表达了物质守恒。威尔逊进一步假定支持区域系统物资运输的经济费用是有限的,总量为 C,单位物资在区域 i,j 间的运输费用是 c_{ij},这样有:

$$\sum_{i=1}^{M} \sum_{j=1}^{N} c_{ij} T_{ij} = C \qquad (3-8)$$

式(3-8)是费用守恒,式(3-6)、式(3-7)和式(3-8)类似于一个物理系统内部物质守恒、能量守恒的表达式,式(3-8)对应物理系统的能量守恒。按统计物理学的定义,这里的系统是一个孤立的系统,没有区域系统以外的物资流入。对于这样的一个系统,如果令

$$p_{ij} = T_{ij} / O_i \qquad (3-9)$$

则 p_{ij} 是区域 i 的物资出现在区域 j 的市场份额,或者概率,记:

$$C_i = \sum_{j=1}^{N} c_{ij} p_{ij} \qquad (3-10)$$

C_i 为从区域 i 中运出所有物资的全部运输费用,因而是常量,而 O_i 是常量,因

此 C_i 也是常量。显然,式(3-9)和式(3-10)描述了区域 i 联系的子系统 i 内部约束关系,由统计热力学定义,子系统 i 的熵 S_i 为

$$S_i = -\sum_{j=1}^{N} p_{ij} \log p_{ij} \tag{3-11}$$

所要求出的两个区域之间相互作用量 T_{ij} 是一个经统计宏观上稳定的量,即 T_{ij} 是在充分长的时间内每一时刻发生的瞬时流 $T_{ij}(t)$ 的平均值。当宏观量稳定时,意味着区域系统的熵达到最大。总系统熵达到最大,它的任何一个子系统熵也达到最大。所以对应稳定可测的相互作用量 T_{ij} 来说,它出现的子系统熵 S_i 达到了最大。另一方面,从数学上看,子系统 i 由式(3-11)下求极值,应用拉格朗日求极值法,构造拉格朗日函数:

$$L_i = -\sum_{j=1}^{N} p_{ij} \log p_{ij} + \lambda_i \left(1 - \sum_{j=1}^{N} p_{ij}\right) + \beta_i \left(C_i - \sum_{j=1}^{N} c_{ij} p_{ij}\right) \tag{3-12}$$

式中,λ_i、β_i 是与 j 无关的参数,于是

$$\frac{\partial L}{\partial p_{ij}} = -\log p_{ij} - \lambda_i - \beta_i c_{ij} - 1 \tag{3-13}$$

在极值点,这个导数为 0,于是得到

$$p_{ij} = K_i \exp(-\beta_i c_{ij}) \tag{3-14}$$

两边同乘以 O_i ,得到

$$T_{ij} = K_i O_i \exp(-\beta_i c_{ij}) \tag{3-15}$$

类似地,分析由区域 j 接受的供应者构成的子系统,可以得到

$$T_{ij} = K_j O_j \exp(-\beta_j' c_{ij}) \tag{3-16}$$

参数 β_i、β_j' 起到刻画空间阻尼的作用,在空间性质相同的条件下,与区域 i 或区域 j 无关,而且 $\beta_i = \beta_j'$,比较式(3-15)和式(3-16),则有

$$T_{ij} = A_i B_j O_i D_j \exp(-\beta c_{ij}) \tag{3-17}$$

式(3-17)就是著名的威尔逊基于最大熵原理的区域空间相互作用模型。式中,c_{ij} 表示 i,j 之间的运输成本,因此它是广义距离 r_{ij} 的函数,假设 $c_{ij} =$

$a+br_{ij}$，则式(3-17)等价于

$$T_{ij}=A_iB_jO_jD_j\exp(-\beta r_{ij}) \tag{3-18}$$

$\exp(-\beta r_{ij})$称为相互作用的核，β为衰减因子，它决定了区域影响力衰减速度的快慢。与传统的引力模型相比，区域空间相互作用量不是与距离变量的平方成反比，而是随反映距离的变量指数衰减。

威尔逊的空间相互作用的最大熵模型是在20世纪60年代上半叶，从引力模型大量成功应用基础上总结出来的。其他有代表性的关于空间相互作用的模型主要有地理学者胡夫（Huff）以及拉什曼南（Lashmanan）和汉森（Hansen）分别建立的商业区和购物模型。特别是拉什曼南和汉森的模型，因经巴尔的摩市规划的OD调查（起讫点调查），其购物流与模型值相关系数$R^2=91\%$（杨吾扬、梁进社，1997）。此后，最大熵模型在区域和城市规划中得到广泛应用，除了商业区位规划外，社会公共服务设施如医院、学校，市政管网如供水、煤气供应站的区位选择和规划都适用。在实际运用中，遇到的最大难点是式(3-17)中A_i，B_j，β等参数的估计。在威尔逊之后，不少学者在这一方面做了研究，其中最有代表的是Sen等人利用最大似然比方法对A_i，B_j，β等参数进行了估算（王铮，1994）。

3.2.3　区位势模型

在空间相互作用理论及其引力模型的基础上，区位理论将物理学的"位势"概念和模型移植到区位相关问题的分析上，提出了"区位势"的概念与模型。

"位势"的概念是拉格朗日（Lagrange）于18世纪提出的。他注意到万有引力场是一个梯度函数，于是在牛顿万有引力定律的基础上，提出了"位势"的物理量，具体表述为：当一个质量等于m的质点出现在三维欧式空间中的一点O的时候，它所产生的万有引力场在任意一点P的位势为：

$$\psi(P)=Gm\frac{1}{d} \tag{3-19}$$

式中，G为万有引力常数，d为P点与O点的距离。这是假想在P点放一个

单位质点时该质点所具有的位势。当万有引力场中有 n 个离散分布的物体，其质量分别为 $m_1, m_2, \cdots, m_n$ 时，则引力场中任意一点 i 的位势为：

$$V_i(P) = \sum_{j=1}^{n} G\frac{m_j}{d_{ij}} \tag{3-20}$$

式中，d_{ij} 为 i, j 之间的距离；i 点的位势表示围绕着 i 点的所有物体 j 对该点施加的共同影响，位势的含义反映了空间某一点由于所处的位置不同，受到周围其他物体产生作用的机遇或概率就会不同。

20 世纪 40 年代，美国学者司徒瓦特（Stewart）将拉格朗日"位势"概念引入地理学，提出相应的"区位势"（location potential，或译为"区位潜能"）概念，当用人口规模 P_j 代替质量 m_j 指标，有

$$V_i = \sum_{j=1}^{n} \frac{P_j}{d_{ij}^b} \quad (i \neq j) \tag{3-21}$$

式（3-21）即为区位势的基本模型，由于 P_j 采用人口规模指标，因此也称为人口势，可理解为 i 地的人口可达性（accessibility），d_{ij} 越小，则到达 i 地的可能性越大，距离增加的结果是降低了可达性，增强了原地点的孤立性；b 为距离摩擦指数，反映了可达性随距离增加而衰减的速度。当 P_j 用其他不同的指标替换后，也可以用来测量其他目的的区位势。例如，采用资源供应量代替人口规模指标，则为资源势；采用国民生产总值代替，则为经济势等。

式（3-21）的意义是：一个地方 i 的区位势 V_i 可定义为所有围绕着该地的区位要素 P_j 的供应，并按 i 到 j 的广义距离（运输成本）加权平均。实质上，区位势反映了一个地方获取相关区位要素的能力。

区位势概念与模型在 20 世纪五六十年代得到广泛应用，在划定城市经济吸引范围，定量考查城市间经济联系的密切程度，以及经济布局的区位决策方面产生了广泛的影响。例如，哈里斯（Harris）用收入、销售额、市场面积等指标代替人口指标 P_j，d_{ij} 表示市场与工业点之间的相对位置，由此求出美国全国市场的区位势值，做出反映工业点与市场的通达性空间变化的市场势图，由此得出美国国内市场的分布对美国制造业区位有强有力控制作用的结论。此后，许多学者对英国、尼日利亚做了类似的研究，得到同样的结论。但是，实践

中发现,市场势并不如人口势那么有效,因为决定工业区位的因子除了市场之外,与劳动力、产业集聚、原材料供应等都有关系,企业家的区位行为也是一个重要的因素。

区位势概念提出后,引起了许多学者的重视,逐渐成为地理学和区域科学理论研究、城市规划工作应用的一个重要概念与理论模式。在实践中,一般认为区位(城市、聚落或经济点等)自身具有规模,故自身也具有位势,即在式(3-21)基础上加上 $i=j$ 时的情况

$$V_i = \sum_j \frac{P_j}{d_{ij}^b} + \frac{P_i}{d_{ii}} \tag{3-22}$$

对于 d_{ii} 的取值,目前有好几种不同的观点。例如,当研究城市区位时,有取 $d_{ii}=1$,也有取 $d_{ii}=\sqrt{\dfrac{S}{\pi}}$,即城市建成区的平均半径,还有用 i 城市与它最近城市 j 之间距离的一半,或者用 i 城市吸引范围的平均半径。在这方面还没有统一的见解,d_{ii} 的取值不同最后所得的结果相差较大(周一星,1995)。

20世纪70年代位势理论的数学研究证明,牛顿位势在三维及三维以上空间是存在的,在二维空间不存在牛顿位势,用牛顿位势分析二维问题,会使许多计算发散,因此需要新的理论(王铮、丁金宏,2000)。实际上,1967年威尔逊提出空间相互作用的"最大熵"模型之后,区位势理论模型更多采用以下的形式:

$$V_i = \sum_{j=1}^{n} P_j \exp(-\beta c_{ij}) \tag{3-23}$$

总之,空间相互作用与区位势的概念以及理论模型的提出是借鉴物理学已建立起来的规律和定量方法,对社会经济现象规律进行的研究。空间相互作用的引力模型和最大熵模型主要是分析和预测两个区位之间空间的相互作用量;区位势模型主要不是解决相互作用量本身,而是考虑区位与区域系统内不同群体间的相互作用的机遇或概率。某一地方的区位势越大,表示其获取相关区位要素的能力越大,它在区域系统中的地位越重要,作用也越大。因此,区位势反映的是某一地方的区位条件和发展潜力,是其在特定区域系统中

的重要性和竞争力的一种测度模型。

3.3　港口区位势的提出

世界港口发展史表明,港口区位是个发展的概念。随着社会经济的发展,尤其在产业和科学技术革命的影响下,港口区位的特征与性质不断演变。传统的港口区位是由供船舶停靠与货物装卸的岸线、码头等设施组成的狭窄区域,其主要功能仅仅局限于船舶停靠、货物装卸、船舶修造和货物转运。现代港口区位除了转运功能外,储存、贸易和工业制造等功能相继在产生。港口区位向下游深水岸线迁移,港口与城市空间逐渐分离。

3.3.1　港口发展的技术经济阶段及其区位特征

随着经济、技术和社会不断变革,世界各地的港口区位经历了如下三个技术经济发展阶段(宋炳良,2001;杜其东等,1996)。

1) 第一代港口(20 世纪 50 年代以前)

(1) 发展背景。商业港口区位的诞生与海上贸易的兴起紧密相关。从 15 世纪起,亚洲、非洲和美洲殖民地的出现导致海上贸易量迅速增长。1800 年以后,蒸汽机船舶的投入使用促使海运效率大幅度提高。

(2) 港口区位特征。该阶段港口功能仅限于码头装卸和运输,港口充当货物转运点和储存地。港口的装卸点都设在能避风浪的内河和邻近市镇居民或渔民集聚的地方。由于商业贸易的发展,往往形成港口与市镇紧密结合的港口城市。为了使商品能方便交易和转运,贸易商选择接近海洋和位于其交易路线交叉点的地方。在选择贸易、储存和转运场地时,他们还需考虑其销售市场的远近。因为陆上运输较为原始,所运的商品一般为件杂货,货物的装卸作业为劳动密集型产业,所以装卸工人来源的充足性显得非常重要。

2) 第二代港口(20 世纪 50 年代至 80 年代)

(1) 发展背景。第二代港口的发展与世界性的工业化相适应。18 世纪后半叶从欧洲开始的工业化进程,其工业活动是以原材料的丰富程度为基础的,这一特征一直延续至20世纪。第二次世界大战后,持续的经济增长建立在日益增长的能源消耗以及与之相适应的迅速发展的石化工业基础之上,同时,运输技术的发展使得卡车和管道运输方式出现。

(2)港口区位特征。各种运输方式汇集于港口,港口成为交通运输枢纽,流畅的转运功能,便于将货物转运到海外和内陆广阔的腹地去。与第一代港口相比,第二代港口增添了使货物大幅度增值的商业和工业活动,港口地区成为装卸和服务中心。除了转运功能外,储存、贸易和工业制造等功能相继在港口产生。港口区位向下游深水岸线迁移,港口与城市空间逐渐分离。工业区位从内陆转移到沿海地区,港口在工业区位条件中占据重要的地位。在20世纪50年代和60年代,海运的便捷性使得一些大型石化企业纷纷将生产基地建在港口。制造工业企业,如钢铁公司、石油公司在临海工业发展中充当了主角。它们的区位选择主要取决于大型船舶的停泊可能性、商业场所及其空间的经济性。当卡车运输已发展为高效的陆路运输方式时,靠近市场这一区位因素已失去了原有的重要性。货流量和商业规模的增大刺激了对从事转运和工业制造的劳动力的需求。

3)第三代港口(20世纪80年代以后)

(1)发展背景。全球经济一体化、知识经济与信息业的产生与发展是第三代港口形成的主要背景。一方面,20世纪60年代期间,为了满足对高效运输和转运方式的需要,集装箱运输应运而生。70年代的能源危机进一步促进了运输方式的创新。80年代以来,随着知识经济与信息业的快速发展,集装箱化与多式联运模式成为港口运输的主要方式。另一方面,船舶大型化导致挂靠港口次数减少,从而使中心港口的枢纽地位更为突出,功能进一步加强。

(2)港口区位特征。20世纪80年代以后出现的第三代港口,其服务更加多样化,港口活动的范围已超过了传统的港口界线。在一些世界大港如纽约港和鹿特丹港,商业、金融业、服务业和信息业等新型港口活动产生的收入占城市GDP的三分之一以上,港口地区成为国际贸易的物流中心。为了使集装箱运输快捷迅达,港口需要更高效的基础设施,必须投资开发新的转运技术,区位技术、资本因素得到加强;集装箱转运和所装货物的配送都是空间密集型的;另外,配送的劳动相对密集型特征导致对廉价和流动性较好劳动力的需求增加,但转运功能对劳动力的需求趋于减少。对于主要枢纽港来说,转运功能的服务范围需涵盖更大的市场,所以市场因素的作用比第二阶段显得更为突出。除此之外,集装箱运输大大提高了储存和配送的机动性,使货物配送和储存服务范围边界向外延伸。在全球经济中,主要港口的重要性进一步增强。在转运功能方面,港口面临着货流的快速增长以及向成组化、一体化运输方式的转变。运输方式的转变和信息技术的发展使货主对某个特定港口的依赖性降低,港口之间的竞争加剧。同时,随着集装箱化进程的加快,货物转运作业劳动密集型的特征趋于弱化,而资本密集型特征愈演愈烈。

3.3.2　现代港口区位势的概念内涵

港口的核心功能包括提供不同运输方式之间的转换服务,从运输功能又派生出储存、贸易、工业和配送等第二类功能。为了便于分析,我们将第一类功能称为港口运输功能,将相关的活动称为港口运输活动,将第二类功能称为港口经济功能,将相关的活动则称为港口经济活动,两者统称为港口活动。港口活动的主体有:港口使用者、政府和港务局。政府和港务局提供港口赖以正常运行的基础条件。港口使用者则可以分成发挥功能的部门(如装卸服务及其设施制造商)和利用功能的部门(如航运公司和货运代理人),港口的最终使用者是货主,即托运人。从根本上看,港口区位功能和空间格局的发展取决于港口使用者的空间行为。

港口使用者空间行为是由其所从事的港口活动对区位要素的需求程度和选择计划来确定。根据空间相互作用理论,一个地方的吸引力取决于其获取或供应区位要素的能力或潜力,这一能力或潜力被定义为"区位势"。相应地,港口作为物流系统中某一种活动的区位,港口区位的吸引力和竞争力,即"港口区位势",亦可用港口获取相关区位要素的能力或潜力来表示。

对于某一港口活动(港口运输或港口其他某一经济活动),其有关的区位要素 F 可分为以下四种类型(Van Klink,1998):

(1) 场址要素(site factors)。活动的地理位置、运输设施和空间。

(2) 投入要素(input factors)。除劳动和生产技术以外的投入成本与收益。

(3) 劳动力要素(labor factors)。生产技术和劳动力成本、适用性和劳动力素质。

(4) 市场要素(market factors)。产品销售市场规模、多样性以及价格弹性。

不同的港口具有独特的区位要素。所以,不同港口能接纳不同类型的活动以及在不同的物流链中占据一席之地。第 i 港口对活动 b 的吸引力(A^b)表示为以上四种区位要素的供应函数:

$$A^b = f(S, I, L, M) \qquad (3-24)$$

根据式(3-21)"区位势"概念模型,第 i 港口的场址位势用以下数学公式表示:

$$\pi_i^b(S) = \sum_{j=1}^{n} S_j \exp[-\beta c(S)_{ij}] \qquad (3-25)$$

同样地,第 i 港口的投入要素位势:

$$\pi_i^b(I) = \sum_{j=1}^{n} I_j \exp[-\beta c(I)_{ij}] \qquad (3-26)$$

第 i 港口的劳动力位势:

$$\pi_i^b(L) = \sum_{j=1}^{n} L_j \exp[-\beta c(L)_{ij}] \qquad (3-27)$$

第 i 港口的市场位势:

$$\pi_i^b(M) = \sum_{j=1}^{n} M_j \exp[-\beta c(M)_{ij}] \qquad (3-28)$$

式(3-25)~式(3-28)中, $\pi_i^b(S)$, $\pi_i^b(I)$, $\pi_i^b(L)$, $\pi_i^b(M)$ 为 i 港获取与活动 b 相关的各区位要素(S, I, L, M)的能力; S_j, I_j, L_j, M_j 为围绕 i 港的 j 地的各种区位要素的供应量; $c(S)_{ij}$, $c(I)_{ij}$, $c(L_{ij})$, $c(M)_{ij}$ 为各区位要素在 i, j 之间(指港口岸线码头至区位要素供应地)的广义运输成本,包括货币支出、时间消耗和风险承担。衰减因子 β 表示区位要素空间流动的自由程度,即流动性。流动性反映经济活动迁移倾向,它与经济活动的特征有关,如资本密集程度、人员关系、盈利水平、资本存量的生命周期长度以及与市场的关系

(Klaassen,1988)。这些特征决定了经济活动重新进行空间定位(再区位)的成本约束条件。如果有较强的约束性,则该经济活动区位从港口迁移的倾向自然较弱。用流动性系数 μ 代替衰减因子 β,则港口对于活动 b 的区位势的概念模型可写为:

$$\pi_i^b = \sum_{j=1}^n F_j \exp[-\mu c(F)_{ij}] \qquad (F=S,I,L,M) \qquad (3-29)$$

第 i 港口的区位势表示港口对某一相关活动的吸引力,可以理解为空间选择函数中 b 活动选择第 i 港口的概率。该空间选择函数为:

$$A_i^b = \frac{(\pi_i^S)^{d_S} (\pi_i^I)^{d_I} (\pi_i^L)^{d_L} (\pi_i^M)^{d_M}}{(\pi_b^S)^{d_S} (\pi_b^I)^{d_I} (\pi_b^L)^{d_L} (\pi_b^M)^{d_M}} \qquad (3-30)$$

参数 d_S,d_I,d_L,d_M 分别表示活动 b 的有关区位要素权重。区位要素权重受到各种外生变量的制约,这些外生变量包括经济因素(如经济社会的组织)、技术因素(如技术水平与环境)和社会因素(如社会价值)等(Klaassen,1988)。

港口使用者的空间行为首先取决于其从事港口活动的类型和特征。不同的活动类型与港口码头之间的接近程度的要求是不同的,港口运输活动一般需要位于码头前沿,商业贸易、工业制造、分销配送等与港口相关的经济活动可以与码头有一定距离(Van Klink,1998)。我们将活动场所与港口码头之间的距离称为活动的港口距离,每一活动都有其独特的可接受的最长港口距离 $d_{\max}^P$。$d_{\max}^P$ 的大小表明了港口的空间可达性,决定了港口吸引范围的市场边界,即港口功能区的空间范围。$d_{\max}^P$ 取决于港口区位势,港口区位势越大,则活动可接受的最长港口距离就越大。港口区位势、最长港口距离($d_{\max}^P$)和港口功能区的规模三者之间的关系如图3-2所示。

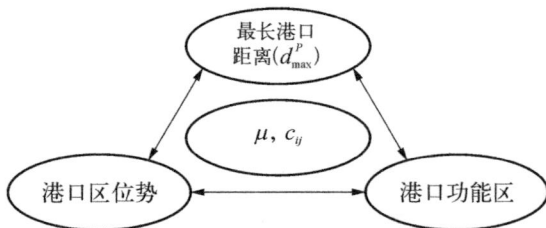

图3-2 港口区位势、最长港口距离和港口功能区三者关系

理论上,由于港口区位的竞争力反映为港口对所有相关活动的吸引力,港口区位势应是港口获取或供应对各港口活动相关区位要素的能力或潜力的总和,因此,第 i 港口区位势 V_i 的概念模式表示为:

$$V_i = \sum_b \pi_i^b = \sum_b \sum_j F_j^b \exp\{-\mu^b [c(F^b)_{ij}]\} \qquad (3-31)$$

第4章
港口区位势因子体系结构

本书的第4章、第5章、第6章和第7章将在第2章对现代港口区位性质的分析，以及第3章运用区位论和空间相互作用理论，所提出的港口区位势概念内涵的基础上，建立现代港口区位势基本理论体系，以期对现代港口区位发展与区域交互作用进行系统全面的研究。其主要内容包括：

（1）根据港口区位势的概念内涵，将港口区位势概括为五个基本因子：港口自然区位势因子、港口运输区位势因子、港口经济区位势因子、港口技术区位势因子以及港口管理区位势因子，系统阐述各港口区位势因子的含义和内容。

（2）建立港口区位势因子评价的指标体系，并对指标进行定量化和标准化处理，在此基础上，运用层次分析法，建立港口区位势测度的数学模型。

（3）分析随着社会、经济和技术的发展，全球经济一体化发展和世界经济贸易空间格局的动态变化，港口基本区位势增长的内在机制。

（4）探讨在现代综合物流迅速发展的背景下，港口区位发展演化规律以及区域港口区位合作和港口综合区位势发展机制。

根据港口区位势的概念内涵，即港口区位势是指港口获取或供应相关区位要素的能力或潜力。对于港口某一相关活动，其相关的区位要素包括场址要素、投入要素、劳动力要素和市场要素四种类型，各个港口由于获取或供应上述各种区位要素的能力或潜力不同，则对该相关活动的吸引力就有所不同。理论上，由于港口区位的竞争力反映为港口对所有相关活动的区位吸引力，因此，港口区位势应是港口获取或供应对各港口活动相关区位要素的能力或潜力的总和。第 i 港口区位势 V_i 的概念模式由式(3-31)来表示，即

$$V_i = \sum_b \pi_i^b = \sum_b \sum_j F_j^b \exp\{-\mu^b \left[c (F^b)_{ij} \right]\}$$

然而,随着经济、技术的发展,港口性质也在不断发展演变。现代港口已成为生产力布局的基本指向、现代综合物流系统的关键环节和港口型经济的主要载体。现代港口区位的主要特征之一是功能多元化发展。由于不同类型的活动需要不同的区位要素,而且对同一区位要素的需求程度也有所差别,因此,式(3-31)所表示的港口区位势的概念模型在实际运用中难以直接用来测度港口所具有的吸引力或竞争力。这里,本书借鉴一般区位理论对于区位分析的基本程序与方法(张文忠,2001),即找出一系列影响区位的因子,包括自然因子、运输因子、劳力因子、市场因子、集聚因子和社会因子,考察它们对区位的作用方式与影响程度。纵观世界主要港口的区位发展,影响港口区位的吸引力和竞争力,即港口区位势的主要因素包括港口的地理位置、自然条件、港口规模、集疏运系统、港口所在城市的经济发展水平以及区域与海外资源供给条件、政治与文化、管理与政策、社会保障服务体系、技术发展与运用、市场条件、劳动力质量与数量、金融环境等方面。这些影响港口区位势的主要因素称为港口区位势因子,根据这些因子的性质和内容可将其归纳为港口自然区位势因子、港口运输区位势因子、港口经济区位势因子、港口技术区位势因子和港口管理区位势因子,共同组成现代港口区位势因子体系结构。

4.1　港口自然区位势因子

港口自然区位势因子主要包括港口地理位置和自然条件两方面,是港口自身供应性的区位要素。正如高兹在《海港区位论》中明确指出,港口区位形成与发展的前提条件是必须具备合适的地理位置和自然条件,这也是港口区位与一般工业区位的重要区别。港湾条件(主要包括地理位置和自然条件)是一种限定性的资源条件,是港口区位存在的前提。因此,港口地理位置和自然条件是港口区位的基本因素。由于自然因子对区位现象的作用而言是一种内在的结构性因素(社会、经济、技术等其他因素所产生的是一种外在的环境性因素),结构性因素不仅决定区位现象的存在,甚至在一定程度上决定其级别(相应地,环境性因素决定现象出现的时间及级别中的变化),如沿海的通航河流河口决定海港、工业城市的区位,而通航河流的长短决定了海港、工业城市的区位等级(管楚度,2000)。

4.1.1　港口地理位置

根据港口所处的地理位置,可以把港口分为河港、海港和河口港三大类。而不同类型港口的功能和发展趋势具有明显的差异。总的说来,河港位于江河沿岸,往往是内河航运网的一个节点,其规模较小,功能单一,一般为国内贸易服务,或作为支线港或喂给港而存在的地方性港口。面向广阔海域的大海港,是海上运输的起讫点,其规模、性质以及功能不仅与港口在本国或本地区的地理位置相关,还取决于港口在整个世界航运网络中所处的地位。一般地,位于世界航运网络的重要节点或主要航线附近的港口往往发展为干线港或基本港,甚至成为国际航运中心,其规模较大,货源较稳定,对本国或本地区,甚至国际经济的发展都有重要的影响。河口港是一种介于河港与海港之间的重要港口类型,位于主干河流入海口的河口港,其规模、性质及功能除了与海港一样取决于港口在整个世界航运网络中所处的位置外,还与主干河流的通航等级、沿河流域的经济社会状况以及出海口的自然条件密切相关。世界上许多著名的腹地型港口属于这一类型,如荷兰的鹿特丹港和中国的上海港。前者位于欧洲"黄金河道"莱茵河的入海口,后者位于我国"黄金河道"长江的入海口。这也是鹿特丹港之所以能成为欧洲门户,在欧洲众多著名港口如汉堡、安特卫普、勒哈佛尔、不来梅等港口中一直领先的重要原因。同样地,尽管广州是近代中国对外开放最早、距香港最近的大城市,但其城市发展,工业和港口发展的规模、地位,过去不及上海,现在仍不如上海,其根本原因就是上海位于中国最长的通航河流长江出海口处,而这个河口又具有大海港的地理区位。显然,在航运网络中占据不同位置的港口,具有不同的港口区位势。

4.1.2　港口自然条件

港口自然条件优越性主要体现在港口的水域、陆域状况。水域条件主要以港口水深、冰冻、回淤和地形条件等状况的影响为主,它们直接关系到进港船型的大小、港区航行与停泊条件、水域日常维护的难易程度,并最终影响到港口的发展规模与性质。由于海底挖掘耗资巨大,因此港湾的深度、岸线的长度、海底地质以及船舶靠泊水域的大小等自然条件是否优越成为港口能否得到兴建与发展的重要因素之一。岸线资源、地形和工程地质条件等陆域状况不仅直接影响港口陆域建设中的基础处理量和工程规模,而且还关系到港区的空间布局和日常运营的经济性能(陈航,1996)。

4.2　港口运输区位势因子

　　港口运输区位势因子是指与港口运输功能相关的区位要素的总称。港口运输功能包括港口转运和集散腹地货物的功能。运输是港口的核心功能。港口的其他功能包括储存、工业制造、贸易、信息等,都是在港口运输功能的基础上派生出来的。因此,运输功能对港口区位的兴旺与衰落具有重要的决定性意义。随着运输技术的进步,尤其是集装箱化与多式联运的迅速发展,促使全球性运输网络的形成,货主可以更加自由地选择运输的方式与运输路线,对某一特定港口的依赖性逐渐减弱,港口与腹地的联系更趋复杂化,相关港口之间的竞争也日趋激烈。因此,现代港口区位相关的运输因子已不仅仅是高兹提出的运费率和距离。现代港口运输区位势因子应包括以下三个方面的内容:一是港口的腹地条件,包括腹地范围,腹地经济发展水平、特征和发展趋势;二是联系港口与腹地的集疏运系统状况,包括联系港口与腹地之间可供选择的运输方式、数量和规模;三是港口自身的吞吐能力,包括港口码头、泊位的数量和规模等级等。

4.2.1　港口腹地条件

　　腹地是港口区位存在与发展的前提。一般地,根据腹地与港口的相互关系,可将腹地分为直接腹地和间接腹地。

　　(1)直接腹地,亦称为单纯腹地。直接腹地是指为一港所独有,其货源一般与其他港口无关或甚少有关。一般来说,港口直接腹地的经济发展水平越高、外贸依存度(一般以该地区外贸进出口总额占该地区生产总值的比重表示)越高,与区位联系越频繁,所需输入输出的货物越多,则需经港口吞吐的货物数量也越大,因此港口规模往往较大,反之则较小。

(2) 间接腹地,亦称为混合腹地,是一些港口所共同拥有的腹地。对于某一混合腹地来说,在一定时期内,因为通过港口进出或中转的运输总量一定,所以同一个混合腹地范围内,任一港口的形成、发展或变化都将影响到其他有关各港的发展,特别是相邻的、利害关系更直接的有关港口的发展。这些相关港口在发展规模、职能性质、地位作用和发展方向等方面,自然就相互影响、彼此牵制。例如,我国历史上刺桐港(泉州港)的兴衰与广州港地位的相对削弱,厦门港的兴起与漳州月港的消亡,以及近代上海港的兴起与宁波港的相对削弱,大连港的出现与营口港的衰退,青岛港的兴起与烟台港的相对削弱,等等,都是这些相关港口间彼此影响、相互制约和竞争的结果。在西欧,随着安特卫普港自 15 世纪中叶迅速兴起和发展,附近原有的布留各港便失去了昔日的重要地位。美国东北部的纽约港由于先后建成通往五大湖的伊利运河及与其大致平行的铁路,首先拥有五大湖地区这一广阔富饶腹地而迅速崛起,从而大大限制了巴尔的摩、费城、波士顿和波特兰等周围港口的发展,在波罗的海南岸的格但斯克港、什切青港和格丁尼亚港之间,在德国北部沿海的汉堡港和卢卑克港之间,在西欧大陆沿海的安特卫普港、阿姆斯特丹港和鹿特丹港之间,在英国沿海的伦敦港、利物浦港和南安普敦港之间,在地中海北岸的热那亚港与马赛港之间,同样由于这些港口的腹地相互重叠,都出现过彼此消长、相互替代或部分替代现象。因此,对混合腹地的吸引力往往决定一个港口在地域内港口群体组合中的地位和作用。

一般而言,港口的直接腹地主要包括港口所在的城市及其附近地区,由于地缘接近性,这些地区的货源一般通过当地的港口直接吞吐。然而,随着运输技术的发展,尤其是集装箱运输与多式联运的发展,港口直接腹地与间接腹地的界限越来越模糊,对于相邻港口更是如此。这里,我们采用港口腹地区位商模型来研究港口对腹地货源的专有程度(董洁霜、范炳全,2002),以此为依据,划分港口的直接腹地和间接腹地。港口腹地的区位商计算可用以下数学表达式：

$$L_{ij} = \frac{h_{ij} / \sum_i h_{ij}}{\sum_j h_{ij} / \sum_i \sum_j h_{ij}} \qquad (4-1)$$

式中，L_{ij} 为港口 i 对腹地 j 的区位商，表示地域中第 j 腹地的货源在港口 i 的相对集中程度，h_{ij} 代表第 j 腹地通过港口 i 的货流量，$\sum_i h_{ij}$ 则是第 j 腹地的货流总量，$\sum_j h_{ij}$ 是地域内所有通过港口 i 转运的货流量，$\sum_i \sum_j h_{ij}$ 则是地域内所有地区的货流总量。如果 L_{ij} 值大于1，则表示第 j 腹地货流主要通过港口 i 运输，可将第 j 腹地视为港口 i 的直接腹地，否则，则为间接腹地。L_{ij} 值越大，则港口 i 对第 j 腹地的专有程度越强。

下面我们就用上述港口腹地区位商理论和方法来比较上海港和宁波港在浙江省国际集装箱市场的占有情况，对两港口的腹地区位商进行比较，以反映两大港口对共同腹地浙江省集装箱运输的吸引力，以此作为划分港口对腹地吸引范围的依据。

上海港位于长江三角洲中枢位置，濒临东海，地扼长江入海口，集"黄金海岸"与"黄金水道"于一身。上海的这种临江濒海优越的区位条件，使其成为中国江、河、海、陆的重要运输枢纽。1996年1月，上海启动建设国际航运中心。2005年12月10日，上海港洋山深水港区一期工程建成投产，洋山保税港区同时启用。截至2016年底，上海港已经与全球214个国家和地区的500多个港口建立了集装箱货物贸易往来，拥有国际航线80多条。2016年，上海港完成货物吞吐量7.02亿吨，完成集装箱吞吐量3 713万标准箱。2018年，上海港港口货物吞吐量居世界第二位。2020年，上海港集装箱吞吐量达到4 350万标准箱。

宁波港由北仑港区、镇海港区、宁波港区、大榭港区、穿山港区组成，是一个集内河港、河口港和海港于一体的多功能、综合性的现代化深水大港。宁波港现有生产性泊位309个，其中万吨级以上深水泊位60个，最大的有25万吨级原油码头和20万吨级（可兼靠30万吨船）的卸矿码头，第六代国际集装箱专用泊位以及5万吨级液体化工专用泊位；已与世界上100多个国家和地区的 600 多个港口通航。2012 年 3 月,国务院批复同意开放宁波港梅山港区。2013 年,宁波舟山组合港全年货物吞吐量达到 8.09 亿吨,超越上海港,位居世界第一。2014 年度,宁波舟山港实现货物总吞吐量 8.73 亿吨,牢牢占据货物总吞吐量世界第一大港的宝座。

随着长江三角洲地区经济的迅速发展,以及港口设施与规模的扩张,20 世纪 90 年代以来,两港集装箱运输增长迅猛,上海港年增长率保持在 20% 以上,宁波港增长更是明显,近年甚至超出 50%。2008 年全球金融危机以后,两港的吞吐量增长速度有明显减缓趋势(见表 4-1)。

表 4-1　1990—2018 年上海港、宁波港集装箱运输增长统计

年　份	上　海　港		宁　波　港	
	集装箱运输增长量/(万 TEU)	年增率/%	集装箱运输增长量/(万 TEU)	年增率/%
1990	45.61	—	2.21	—
1991	57.70	26.5	3.55	60.6
1992	73.05	26.6	5.32	49.7
1993	93.48	28.0	7.88	48.0
1994	119.92	28.3	12.51	58.7
1995	152.65	27.3	16.00	27.8
1996	197.10	29.1	20.16	26.0
1997	252.70	28.2	25.67	27.3
1998	306.60	21.3	35.25	37.3
1999	422.00	37.6	60.14	70.6
2000	561.00	32.9	90.22	50.0
2001	633.99	13.0	121.31	34.5
2002	861.2	35.8	185.9	53.2
2003	1 128.17	31.0	276.26	48.6
2004	1 455.72	29.0	400.55	45.0
2005	1 808.4	24.2	520.8	30.0
2006	2 171	20.1	706.8	35.7
2007	2 615.2	20.5	943	33.4
2008	2 800.6	7.1	1 093	15.9

年　份	上　海　港		宁　波　港	
	集装箱运输增长量/(万 TEU)	年增率/%	集装箱运输增长量/(万 TEU)	年增率/%
2009	2 500.2	−10.7	1 050	−3.9
2010	2 906.9	16.3	1 315	25.2
2011	3 173.9	9.2	1 418	7.8
2012	3 252.9	2.5	1 617	14.0
2013	3 377.3	3.8	1 735	7.3
2014	3 528.5	4.5	1 945	12.1
2015	3 653.7	3.5	2 063	6.1
2016	3 713.3	1.6	2 156	4.5
2017	4 023	8.3	2 460.7	14.1
2018	4 201	4.4	2 635	7.1

资料来源：1990—2018 年度《中国交通运输统计年鉴》。

　　浙江省的国际集装箱运输起步较晚。20 世纪 80 年代中期,由浙江远洋运输公司杂货班轮甲板捎带起步。经过十多年的发展,浙江省的国际集装箱运输已初具规模,与集装箱运输密切相关的港口、船舶、汽车、货场也得到相应的发展。至今,浙江省已基本实现了外贸件杂货运输的集装箱化。从集装箱生成地看,浙江省的国际集装箱主要集中在杭嘉湖地区(包括杭州、嘉兴和湖州)和宁绍平原地区(包括宁波和绍兴),两个地区约占全省集装箱运输进出口总量的 80%。从集装箱流向上看,亚洲是最大的集装箱进出口地区,北美洲次之,欧洲第三。在集装箱货物的构成上,由于浙江省具有"轻、小、集、加"的经济特点,服装、丝绸、棉纺等轻工业和医药业发达,"轻工医药"在出口中占的比重较大(60%左右)。在进口货物中,"机械设备""化工原料"所占的比重较大,这也反映出浙江省正处于经济快速增长时期,外贸集装箱量还会持续增长。

　　浙江省国际集装箱除了少数通过深圳、香港和本省地方性港口(主要指温州港和海门港)中转外,绝大部分通过宁波港和上海港转运。调查发现,宁波港对宁波、舟山及台州地区的国际集装箱具有较强的吸引力,这三个地区为宁波港的直接腹地;而上海港对杭州、绍兴、嘉兴、湖州、金华、衢州及丽水等地区更具吸引力,这些地区应属于上海港的直接腹地。

世界著名港口无不拥有广阔且发达的直接经济腹地,并通过完善的集疏运系统扩展间接腹地。拥有世界最大的港口行政辖区范围的纽约港,其直接腹地包括纽约和新泽西;其间接腹地包括美国东北部和中北部产业区的14个州,是美国传统的制造业地区。位于世界最繁忙的航线——北海、莱茵河和马斯河口之间的鹿特丹港,其港口行政辖区面积有100多平方公里。鹿特丹背靠莱茵河流域经济腹地,依靠其完善的集疏运系统,吸引了强大的物流,有"欧洲门户"之称。香港的发展,与其直接腹地——珠江三角洲的经济高速发展是分不开的,再加上20世纪50年代以来,中国内地进出口贸易大量通过香港转口,华中、华东、华南地区成为其间接腹地。

4.2.2　港口集疏运系统

港口集疏运系统是港口与腹地联系通道的统称。现代港口的集疏运网络系统应以港口为中心,以铁路、公路及水运干线为骨干,辅之以管道、航空站场,共同组成的海、陆、水、空相结合的四通八达的交通运输有机整体。由于不同运输方式具有各自的经济技术特点,它们的地位、作用也有所不同。例如,铁路一般较接近各级经济中心和工矿点,多作为内陆区域运输网的骨干,担负长途运输的任务;公路是短途运输最主要、最基本的运输方式,能提供门到门的服务;大河航运则能起到大宗廉价地集散物资的作用;空运对于客运和附加值较高的件杂货运输具有独特的优势。因此,为了降低运输成本,必须建立起一个由各种运输方式与长短途、干支线运输密切配合,各取所长、综合利用的完善港口集疏运网络体系。

完善发达的港口集疏运系统能有效地拓展港口腹地。根据集疏运的方式不同,港口混合腹地可分为陆水中转型腹地和水水中转型腹地。陆水中转型腹地一般位于港口背后较远处的内陆地区,这些腹地一般距离港口较远,其货物通过各港吞吐所需运费的差别同全部运费相比往往有限,故这些地区就有较大部分或全部需通过水运的货物,就不一定必须经由某特定港口运输,而是可以通过距它相对较远的若干沿海港口吞吐。由于港口与它们的联系主要通过长距离的公路、铁路等陆上运输方式集散。因此,港口的陆上集疏运网络的完善程度往往成为决定其陆水中转型腹地范围的关键所在。由于水路特别适应大宗廉价的货物运输,因此,港口集疏运体系中如果拥有通航的大河往往成为港口区位发展的另一个重要条件。例如,国际著名的纽约港,由于阿巴拉契亚山脉的阻隔,最初港口腹地仅限于哈得逊河流域一带的狭长地区内。1825年修通伊利运河,之后又修建了铁路,纽约港的腹地扩大到美国东部和中西部的广大地区,纽约的城市规模迅速超过了波士顿和费城。同样地,鹿特丹港之所以在西北欧港口群中独占鳌头,莱茵河起到极其重要的作用;上海港等港口的崛起和发展离不开长江这一"黄金水道"。

4.2.3 港口规模

航运经济规律决定了长距离运输的货物需要采用大型船舶。而在一定的地域范围内,并不是所有的港口都具备建设接纳大型船舶的能力和条件。因此,一般地,来自海外长距离运输的货物先采用大型船舶运到该地域内具备接纳大型船舶泊位的港口,然后用小型船舶转运到其他港口;类似地,各地港口出口的货物也可先运到具备接纳大型船舶泊位的港口,然后用大型船舶转运到远距离的其他港口。随着货物运输量的不断增长和船舶大型化的发展,上述具有大型泊位的港口便发展演化为港口群中的枢纽港或中心港,形成层次分明的港口运输网络的层次结构(见图4-1)。

对于一个较大的地域而言,如果地域内具有同样条件的主要大型港口不

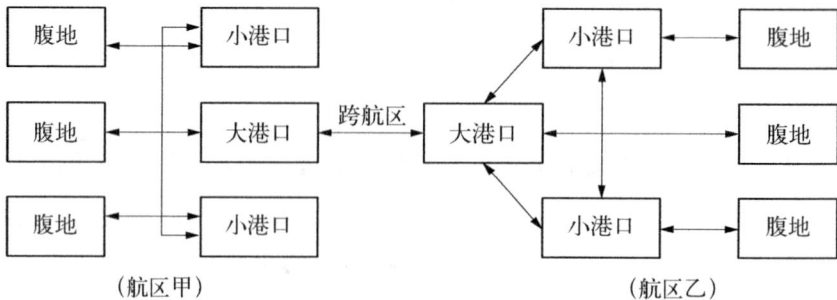

图 4-1 港口运输网络的层次结构

资料来源:张培林,黎志成.港口布局层次性的形成机理及经济分析[J].武汉交通科技大学学报,2000(24):113-116.

止一个,则航运公司或货主会在这些主要港口中选择一个最合适的港口作为其挂靠港,通过大船换小船或小船换大船的水水中转来完成全程运输。这些中小港口及其直接腹地就成为相关各大港口争夺的共同腹地。例如,我国长江三角洲以及长江流域的远洋运输货源成为东北亚各主要港口(如高雄、釜山、神户、香港等)争夺的主要对象,即成为诸港共同拥有的混合腹地。

总之,港口的腹地条件、集疏运系统和吞吐能力等区位要素则是构成港口运输区位势因子的重要内容。腹地范围越大、经济越发达、港口集疏运系统越完善、吞吐能力越强,则港口区位的吸引力和竞争力也越大。

4.3　港口经济区位势因子

全球经济一体化发展和国际生产分工模式的转变,使得现代港口在运输这一核心功能的基础上,工业、商业贸易、金融保险等经济功能得到迅速发展。世界著名大港无不把货物装卸运输功能、工业功能、商业功能和信息功能一并称为港口发展的四大支柱。港口不仅在交通运输网络中起着极其重要的作用,而且由于港口运输与工业、商业贸易和金融保险等第三产业之间相互依存和相互促进,现代港口对所在地区、国家甚至全球经济发展的影响更为明显,越来越成为所在地区、国家甚至是全球重要经济区位。

港口经济区位势因子是指与港口区位的经济功能相关的区位要素的统称,其内容相当丰富,包括港口工业与仓储、商业、贸易、金融等第三产业发展相关的所有区位要素。这些区位要素是港口与区域尤其与港口所在城市的交互作用中获得的区位要素,主要包括临港地区的产业化性质和规模、港口城市的经济发展水平、市场条件、劳动力质量与数量、金融环境以及腹地条件等区位要素。

4.3.1　临港产业化发展

临港地区的产业化性质与规模是现代港口经济区位要素的主要内容。所谓临港地区,一般是指以港口为中心,沿海岸线扇面展开成带状分布的滨海区域。一般而言,临港地区的发展,最初是凭借深水岸线的优势,以港兴城,港口与腹地联动发展。首先,随着对外贸易的发展,临港地区的产业体系不断完善并形成特色,城市规模随之扩大。当城市达到一定规模时,又促进了港口的发展。由此,港与城互为促进,共同发展。其次,临港地区往往有主导产业的支撑,重工业较为发达,工业门类齐全,并形成具有自身特色的主导产业,在区域经济发展中担负龙头作用。如大阪和鹿特丹等港口城市的滨海临港地区都以钢铁、石油化工、造船、机电、电子为主导产业(见表4-2)。最后,港口对临港地区第三产业特别是现代物流业的发展具有重大的推动作用。

目前,现代化的交通运输与港口发展,已由工业化时代的综合运输阶段进入综合性现代物流的信息化时代。现代物流业的深入发展进一步拓展了港口城市和地区的功能,并对临港地区的发展方向、产业结构调整和优化起决定性作用。从国际著名港口临港地区的产业化发展模式来看,以大型港口为依托,在临港100公里的大陆地带,通常都发展成为高度发达的滨海城市带和滨海产业带,土地集约化程度相当高。世界上一些著名港口城市,如东京、纽约、伦敦、新加坡、鹿特丹等均属于这种类型。临港地区在城市和区域经济发展中具有举足轻重的作用,许多大型工业企业(主要是钢铁、石化、造船等行业)和跨国公司以及与此配套的大型仓储、码头等基础设施都配置在滨海临港地区。经过高度融合发展,"港"与"城"融为一体。

表 4-2　国际著名港口的滨海临港地区主导产业

港口名称	临港地区主导产业
新加坡港	炼油、电子电器、船舶维修
鹿特丹港	炼油、造船、石油化工、钢铁、食品和机械制造
香港港	金融、商贸、房地产、旅游业
大阪港	石油化工、钢铁、金属加工、运输机械、电机制造业

资料来源:上海综合经济研究所.上海(杭州湾北岸)滨海地区城市带和产业带发展战略研究[R].2002.

从国际上看,以大型港口为依托,在临港100公里的大陆地带,通常都成为高度发达的滨海产业带。港口既面向市场又靠近原料所在地,具有运费较低的优势,成为工业最佳区位。20世纪50年代中期,基于大宗货物远洋运输产生的海运革命极大地缩短了运输距离,降低了运输的相对成本,港口运输及装卸技术的快速发展使临海工业开发区形成新的区位增长极。以港口为中心,沿海岸线扇面展开的区域内除了分布大型的钢铁、石油、石油化工、机械等重化工工业,一般加工业、旅游业、物流业和高科技产业等都配置在滨海地带。如日本的环太平洋地区、鹿特丹的临海工业金三角、安特卫普的滨海重化工业基地、意大利的塔兰托、新加坡的裕廊、韩国的釜山和浦项、中国台湾的高雄等都是产业、产值密集的滨海产业带。

日本是个资源靠进口、产品靠外销的加工贸易型岛国。第二次世界大战后,日本充分利用自身港口条件,在太平洋沿岸的东京、横滨、大阪等滨海地区填海造陆 11.8 万公顷,统一进行工业布局,将钢铁、石油、石油化工等资源消耗型产业配置在滨海地带,使原料码头与产品码头成为工厂的一部分,减少了中转运输费用;同时调整能源工业集中向滨海地区布局,使能源消耗量多的钢铁工业、水泥、制铝、发电和矿业原料的成本下降,促进了这些部门和造船、机械、建筑、石油冶炼、石油化学、合成纤维、化学肥料等工业的飞速发展,为日本奠定了在国际竞争中的优势。在面积仅占全国 24% 的环太平洋沿岸地区集中了日本 60% 的工业企业、70% 的工业产值、80% 以上的重化工业产值。

自 1958 年欧洲经济共同体成立以来,位于莱茵河下游的鹿特丹港不仅担负着欧美、欧亚等洲际航线的中转港,还是西欧和北欧贸易口岸的集疏转运中心。鹿特丹政府将城市建设与工业区结合起来,将西部相邻城镇合并,在 1 万亩的土地上建立了石油、化学和造船工业等临港工业的“金三角”。首先在佩尔尼,随后在博特勒克、欧罗波尔特,生产经营合成橡胶、人造树脂、化纤、油漆等附加值较高的产品,形成了沿河口向海岸延伸 50 英里以石油化工、钢铁工业为主的滨海产业带,成为荷兰经济增长最快和就业率最高的地区。

新加坡在工业化初期,由于本岛土地、资源以及资金的匮乏,因而借助海外跨国资本发展制造业。政府为了推行工业化政策,先后在滨海地带开辟了 21 个工业区,占地面积 7 902 公顷。其中裕廊工业区最大,占地 5 031 公顷。该工业区内轻、重工业并举,基础设施齐全,并设自由贸易区。总之,临港地区的产业高级化、规模化,使得这些港口区位在国家甚至世界经济发展中占据重要战略地位。

4.3.2　港口城市的经济发展状况

现代港口经济区位势因子还包括港口所依托的城市经济发展水平、金融环境、市场条件与对外贸易状况，以及劳动力资源等区位要素。世界著名港口无不是以经济发达的城市为依托，拥有开放的市场条件、高素质的劳动力资源和完善的金融环境。一些世界著名的港口城市，不仅有相当数量的人口和较大经济规模，而且拥有对国际金融和贸易的全球性空间支配能力及国际资本，集国际贸易中心、金融中心、文化交流中心、旅游中心于一体。例如，新加坡享有世界第一大海港、第二大化工基地、第三大炼油中心、第四大金融中心和国际著名的航空港、商业中心、旅游中心、精密仪器制造和微电脑等电子产品制造中心的美誉。而鹿特丹、横滨是区域性港口城市，对区域经济发展产生较大影响。

市场条件与对外贸易状况是港口经济区位形成与发展的重要因素。世界著名的港口城市往往凭借其优越的地理位置，成为与国外经济联系最为密切的地区。它们在发展过程中都采取了一系列宏观经济政策，依托港口区位，促使城市经济由进口替代型转变为出口导向型。如我国台湾地区，在港口附近设有高雄和楠梓两大出口加工区，为引进外资、扩大出口、增加外汇收入、增加就业等做出了巨大贡献。完善的市场条件有利于外向型经济的发展，从而使对外贸易量大幅度增加。中国香港和新加坡的自然资源和市场规模有限，在其经济成分中，对外贸易占有极其重要的地位。1990年，新加坡的外贸依赖程度（出口额与国民生产总值之比）为152%；1995年，中国香港的外贸依赖程度达144%。而同一时期一般国家和地区的外贸依赖程度仅为20%。20世纪50年代初期，香港只是一个经济落后的转口贸易港，葵涌集装箱码头的兴建，结束了香港依靠帆船和蒸汽船运输的时代，进入以集装箱为主的现代化高效率国际港口新时代。香港仅用20多年的时间一跃成为集国际贸易、金融、航运、航空、旅游、信息中心于一体的国际大都市。1995年，香港的外贸总额占世界贸易总额的5%，居世界第八位；若按人均外贸总额来计算，仅次于新加坡，位居世界第二位。鹿特丹的对外贸易在本国经济中也占有重要地位。以农业为例，鹿特丹的外向型农业以高度集约化、高产著称，以畜牧业和园艺业为主，荷兰由此成为世界最大的花卉出口国和仅次于美国、法国的世界第三大农产品出口国。新加坡裕廊工业区利用来自中东和东南亚海域的石油,依靠外国跨国公司的投资,成为世界三大炼油中心之一。

外向化是港口城市的本质特征之一。坚持以外向化开发、建设和发展港口城市,是港口经济高起步、跳跃式发展的一个重要途径,是港口经济区位发展战略的重要体现,反映了港口经济自身发展的客观规律性。港口地区由于优越的地理位置而成为外向型产业的首选基地。例如,鹿特丹和新加坡炼油业的原油主要来自中东,而其产品的 80% 以上供出口。在资金利用方面,积极吸纳外资是世界主要港口发展经济区位的重要战略。以新加坡和中国香港为例,在其内部积累不足的情况下,抓住第二次世界大战后西方发达国家的资本迅速增加,大量的游资在国际资本市场上流动的机遇,以直接投资为主要形式吸引外资,走上了利用外资发展港口经济和港口城市的道路。在经济结构方面,20 世纪 50 年代至 60 年代,它们选择了适合自身的发展战略,及时实现了由内向型经济向外向型经济的转变。利用美国、日本等发达国家进行产业转型的机会,吸纳仍具有市场容量的劳动密集型轻纺产业,走上了面向出口的工业化道路,实现了由进口替代向出口导向的经济结构的转变。20 世纪 60 年代至 70 年代,它们形成了以出口导向为特征的外向型经济运行机制,带动经济的全面增长。同时,它们注重国际技术合作,利用其独特的环境,设置出口加工区,实行优惠政策吸引外资,及时引进、消化、模仿各种新技术和管理经验,迅速进行商业开发,物化成产品后又运往他国,从而促进了整个经济尤其是外向型经济和港口经济的全面发展,创造了举世瞩目的经济奇迹。

劳动力资源状况也是构成港口经济区位势因子的另一个重要内容。一方面,港口地区与其他地区相比,由于产业的聚集,提供了更多的就业机会,从而对劳动力的数量需求更大。例如,法国最大的港口城市马赛建立了临海工业开发区后,港口地区的人口从 1968 年到 1975 年间大约增长了 2 倍。在日本的三湾一海沿岸,仅占全国 24% 的土地面积上集中了日本 60% 的工业企业和80% 的产业工人。20 世纪 70 年代,美国巴尔的摩内港复兴计划最终建成了一个集零售店、公寓、旅馆、科学博物馆及水族馆于一体的综合游憩商业区。仅1990 年一年,巴尔的摩内港创造的新职位达到 3 万多个。以鹿特丹为中心延伸50英里的临海沿河工业区,是荷兰就业率最高、经济贡献最大的地区。1997年,鹿特丹港为荷兰制造了34万个工作机会。美国长滩市每11个就业岗位中就有1个是长滩港口创造的。此外,长滩港大约为本地区提供了26万个工作机会,占长滩市就业人数的1/30。另一方面,随着高附加值和创新经济活动不断向港口地区集中,高素质的人力资源状况越来越成为港口经济区位发展的关键因素。

综上所述,港口经济区位的形成与发展和现代港口功能多元化发展密切相关,二者之间相辅相成。多元化发展是现代港口的重要特征与发展趋势,反映了现代港口在世界性的生产、交换、分配、消费等各方面越来越突出的作用。现代港口不仅是船舶停靠,办理装卸、存储、集疏运的水陆交通枢纽,还是连接世界经济的纽带、沟通信息和国际交往的桥梁,成为国家扩大对外贸易,改善投资环境最重要的基础设施,以及吸引与港口有关的多种经济要素的重要区域。对其所依托的城市以及所辐射的广大区域而言,现代港口是扩大区域要素流通、引进先进技术和促进区域经济发展的增长级。随着港口运输功能的发展,与运输直接相关的仓储、维修、包装、加工等产业迅速扩张,同时利用港口便利的运输区位优势,临港工业得到发展,并在工业扩展的基础上,第三产业也得到有效的拉动,商业贸易、金融、保险以及运输服务等行业都得到相应的发展。因此,临港地区产业的性质和规模、港口城市的经济发展水平、市场条件、劳动力质量与数量、金融环境以及腹地条件等成为现代港口经济区位势因子的重要内容。

4.4 港口技术区位势因子

现代科学技术的发展,尤其以集装箱运输为标志的现代运输技术的革命和以电子计算机应用为基础的信息技术的开发与运用,对港口区位发展产生了重大影响,技术要素(主要包括集装箱运输与多式联运相关的港口自动化和高效化的装卸技术及信息技术)成为港口区位势因子体系一个不可缺少的组成内容。

20 世纪 60 年代期间,为了满足对高效运输和转运方式的需要,集装箱运输应运而生。20 世纪 70 年代的能源危机进一步促进了运输方式的创新。世界经济贸易结构发生了较大的变化,制成品在世界贸易中的比例由 20 世纪 60 年代末的 64.5% 提高到 2000 年的 80% 左右。发达国家的工业品出口更趋高级化,产业结构重心由重、化工业转向以电子技术为代表的高、精、尖产业。发展中国家也致力于发展本国经济,从单纯的原材料出口变为成品或半成品出口,制成品贸易的发展使适箱货源不断地增加,为开展集装箱运输提供了广阔的市场。目前,发达国家主要港口的集装箱化率超过 80%。近年来,我国港口集装箱运输发展迅速,主要港口如上海港、广州港的集装箱化率均为 50% 左右,而且还在不断提高。

与传统的件杂货运输方式相比,集装箱运输是一种崭新的运输模式,这种运输模式本身还在不断地发展和创新,它将在整个运输体系中承担越来越大的市场份额(真虹,1999)。同时,由于规模经济性,即生产规模的扩大能使生产成本下降,面对激烈的市场竞争,各大跨国航运公司为了减少运输成本,大力发展大型集装箱船舶,使世界范围内的集装箱船舶的大型化趋势愈演愈烈。从 20 世纪 60 年代载箱量不足 1 000 TEU 的第一代集装箱船发展到 90 年代末载箱量超过 6 600 TEU 的第六代集装箱船。进入 21 世纪,8 000 TEU 以上的超大型集装箱船不断投入使用,甚至出现了 10 000 TEU 的集装箱船舶。

与此同时,世界跨国企业为提高市场份额及竞争能力,努力减少包括运输、仓储、包装等成本在内的产品流通总成本,从而大大促进了国际运输业向集装箱运输和以“门到门”多式联运为主要特征的现代运输与物流体系发展。这些均对港口区位提出了更新、更高的要求。港口各项生产的技术水平及组织与管理水平的提高,已经成为增强港口区位势的主要因素。

世界著名港口都十分注重港口相关技术的开发与运用。鹿特丹港的筑港技术和管理水平堪称世界一流,它采用电子计算机对装卸作业集中进行管理。港区内四通八达的内河航道网、高速公路网、铁路网以及管道、航空将鹿特丹与欧洲大陆各重要城市的工业区连成一片、畅通无阻,鹿特丹港也成为欧洲散货、原油和集装箱的最大集散中心。新加坡港在交通、能源、通信等方面现代化的、完善的基础设施也是举世公认的。以信息技术为例,新加坡充分运用船舶交通系统(Vessel Traffic Information System,VTIS)、全球定位系统(Differential Global Positioning Systems,DGPS)和电子航运表(Electronic Navigational Chart,ENC),极大地提高了航运的安全性。同时,新加坡发展了海运信息中心网络(Maritime Information Center,SMIC),提供关于新加坡的海运设施、集装箱与码头的安排、潮汐信息和船只进出港情况等;把电子数据交换系统运用到港口操作系统中,组成一套名为港口网络(PORTNET)的EDI系统(电子数据交换系统),通过采用集装箱运输电子数据交换业务,将船运、空运、陆路运输、外轮代理公司、港口码头、仓库、保险公司等企业之间各自的应用系统联系在一起,从而解决传统单证传输过程中的处理时间长、效率低下等问题。有效提高货物运输能力,实现物流控制电子化,从而实现国际集装箱多式联运,进一步促进新加坡港口集装箱运输事业的发展。"港口网络"还与其他国家的EDI系统联网,如同澳大利亚、新西兰和美国等国联网。这种港口间的联系形成了"经由新加坡的船舶与货运信息同时转移电子公路",进一步加强了国际贸易联系的信息化。另外一个主要的信息技术是1990年投入使用的计算机一体化终端操作系统,可以用来管理新加坡集装箱港口的所有集装箱处理工作,将码头操作的各个方面包括船运计划的专家系统、泊位安排和堆场停放尺寸无缝衔接起来(陈德明,1995;王怡、叶军,1999)。

总之,随着集装箱及多式联运模式的迅速发展,自动化集装箱码头随之出现,EDI无纸贸易得到飞速发展,由此港口中很多传统技术和岗位正在逐步消失,港口企业也开始从劳动密集型迅速向技术密集型与知识密集型企业转变,技术进步成为港口区位竞争力的重要保障。技术因子成为港口区位势因子体系的重要组成,主要包括两个方面内容:一是港口装卸装备技术的自动化和高效化发展;二是以EDI技术为基础的信息技术的开发与应用。

4.4.1 港口生产效率

港口装卸机械与装卸技术的主要发展趋势是自动化与高效化,以适应日益提高的大宗散货进出口系统的生产率和单台集装箱岸桥、抓斗卸船机的台时效率,从而减少船舶在港的停留时间,提高船舶周转效率和港口泊位的利用率。现代港口在码头的装卸作业中不断引入高新技术与设备,例如鹿特丹港一直关注港口装卸效率与智能化水平的提升,通过现代信息技术、自动化技术、智能化机械设备等应用,大幅提升港口运营智能化、柔性化水平。早在1993 年,鹿特丹港口建设了全球首个全自动化集装箱码头,以应对劳动力成本攀升、港口空间资源相对有限、运营成本上升的挑战。近年来,鹿特丹港持续推进港口基础设施的改造升级。通过大数据、物联网、智能控制、智能计算等技术手段,强化码头前沿水平运输作业、堆场内作业、道口进出等全过程的自动化、一体化控制。耗资 40 亿美元的马斯莱可迪二期项目于 2015 年 4 月投入运营。该码头采用了全自动化码头技术和远程控制船岸起重机,到 2035 年全部完建后,码头运营效率将提升 50% 以上,承运的集装箱也将更多。通过现代科技的深度融合应用,提高码头运营效率和柔性水平,正是鹿特丹智慧港口内涵的重要体现。

新加坡目前拥有五座集装箱码头:丹戎巴葛(Tanjong Pagar)、吉宝(Keppel)、布兰尼(Brani)、帕西尔班让 1 号和 2 号(Pasir Panjang Terminals 1 and 2)。当前,新加坡正在建设一个新项目——大士港(Tuas Port)。该港建成后,大士港将取代这些港口,成为世界上最大的全自动化港口。大士港共分四期,一期建设始于 2016 年,二期建设于 2019 年启动。大士港建成后,将集中新加坡所有的集装箱作业,每年可吞吐高达 6 500 万个 20 英尺标准集装箱。自动化技术将是大士港运营的关键,包括无人驾驶车辆,如自动化堆场起重机、无人机、数据分析和负责港口运输的无人卡车,这种技术将由运营中心控制,从室内对设备进行监测和操作。通过使用无人机执行此前需要人工执行的任务,如高空维修和故障评估,能够提高港口安全性。

4.4.2　港口技术开发应用能力

随着集装箱运输服务范围和业务量的不断增加,仅依赖于人工为每一票货物做记录或传递信息,已经变得越来越困难,电脑联网管理、EDI 等通信技术的广泛应用成为扩展集装箱运输业务不可缺少的基础设施。为了在港口竞争中胜出,世界主要港口都十分重视信息技术的开发与应用。美国是世界上开发第一批 EDI 标准和应用发展最快的国家。例如,1998 年美国航运巨头APL 公司,在西雅图、芝加哥、纽约三个主要港口实现了用 EDI 处理由本公司船舶承运的国际集装箱的全过程。在这些港口,各运输环节(包括海关、港口码头、船代、动植物检验、装卸公司、汽车运输公司和铁路运输公司等)都可以通过联网的计算机进行信息的获取、传递和处理,货主也可以通过 EDI 系统了解货物运输动态及提货时间。

　　集装箱运输的高效化是以运输信息传递的便利性和高速化为前提的,信息的滞后将影响集装箱装卸和运输的速度与效率。随着集装箱运输的发展,随之而来的信息流量也大幅度增长,目前国际集装箱业务信息已涉及航运、港口、代理、内陆集疏运、场站、货主、收货人、监管部门(海关、商品检验、卫生检验以及动植物检验)、银行、保险等行业和部门;其中流传的单证超过 40 种。为了适应这种高效率的集装箱运输发展趋势,港口区位发展必须以先进的科学技术为基础,尤其是集装箱运输信息的快捷处理技术显得更为重要。一方面,计算机和信息技术的应用提高了集装箱运输的效率;另一方面,集装箱运输的发展也对信息管理提出了新的要求。合作经营、箱位共享等均要求合作双方能尽快得到对方信息,以免贻误船舶周转。班轮航运业作为全球承运人也要求班轮公司及时掌握船舶与集装箱在全球范围内的动态信息;集装箱租赁业的发展使集装箱租赁公司的集装箱遍布全球,为了做好集装箱的合理调度,及时掌握集装箱的动态以及客户的需要是非常重要的。由于文件处理速度的加快,船主、货主和箱主都可以由此获益,而减少闲置的关键在于信息的快捷传递。所有这一切都迫使包括港口企业在内的运输企业采用能实现信息高效传输以及高质量传递的技术。首先,各有关部门之间紧密的联系合作是保证港口最佳运转的必要条件。其中的有关部门包括船运公司、港务局、收货人、船舶经纪人、代理人、码头装卸公司、铁路运输部门、公路运输公司、驳运公司、海关、船舶供应部门、货主等,有关部门紧密合作的物质基础首先在于信息准确、及时地传递。因此,增强信息技术的开发与应用能力成为提高港口生产与服务的水平与效率的重要保证。其次,全球航运信息网络和通信技术与设施,不但能使货主及时全面地了解货物的运输信息,方便其选择最佳时间、最佳航线与航班来运送货物,并对货流进行全程跟踪,在国际市场上占据有利地位,而且也能为船运公司提供最新且全面的货物流向信息,使其合理安排航班与航次,优化航线设施。

目前世界主要港口均已建立了以 EDI 为基础的信息网络,并通过因特网直接与用户、货主以及海关、商检、理货等部门进行沟通。随着 5G 技术的推广,以 EDI 为基础的信息网络得以加强。例如 2019 年 6 月,新加坡任命电信专家进行 5G 试验,并致力于开发基于智能技术的运营。大士港水域将采用先进的港口运营系统进行管理,例如下一代船舶交通管理系统,该系统能够及早发现热点,并为船舶提供最有效的航线建议,实现最安全、最畅通的停泊方式。

信息技术对港口区位发展的影响是全方位的,它是提高港口生产率和竞争能力的主要手段。目前,在世界主要港口得到广泛应用的主要有以下五项信息技术:电子数据交换、管理信息系统、计算机仿真、无线终端以及电子商务。

1) 电子数据交换(EDI)

EDI 技术的应用是港口信息化的基础。港口活动的有关信息通过计算机之间的传递,使用某种商定的标准来处理信息结构,将数据和信息规范化、格式化,并利用计算机网络进行交换和处理。港口 EDI 应用的根本目的是把通过传统的邮件、快递、电报、电话或者传真等手段和商业及政府有关单位的联系,改为由电脑来实现,从而缩短船舶在港停留时间,提高工作效率和质量。EDI 的直接效益包括:通过更快的信息传输来提高港口生产率;通过减少数据登录操作的次数和人工作业来提高精确性,减少由于差错造成的商业损失;通过降低与印刷、邮寄、处理纸面交易有关的劳动和物料成本,以及减少电话、传真等通信费用来降低作业成本。EDI 的间接效益体现为:改进管理,改善渠道关系,提高港口竞争力。

2) 管理信息系统(MIS)

管理信息系统是以计算机为基础,以系统思想为主导建立起来的为业务管理和经营决策服务的信息系统。港口管理信息系统主要研究港口企业中信息活动的全过程,即信息的产生、整理、加工、存储、分析、传输、分发和使用。它综合应用了经济管理理论、运筹学、统计学、港口管理学和计算机科学等学科的知识。港口管理信息系统是港口企业管理系统的一个重要组成部分,但它本身还可以分解为各个业务子系统,各子系统各司其职、相互协调,执行着计划、组织、监督、调整及控制的职能。

港口管理信息系统的主要功能包括:为港口企业日常工作及时全面地提

供所需的数据和信息,实现港口企业管理的信息化、科学化和高效化;利用数学模型与统计分析方法,通过计算机对过去的数据进行归纳分类,对未来进行预测;根据不同使用者的要求,给出相应的统计分析数据,为港口企业管理者的经营决策提供支持。

3) 计算机仿真

仿真技术主要指在现实系统运转之前的模拟试验,它有助于现实系统的设计。世界著名港口无不借助计算机仿真技术来研究如何提高港口生产效率的问题。例如,应用仿真技术深入研究港口比较典型的复杂排队问题和规模确定问题,以及港口库存、布置和维护等问题。仿真还可以与传统的统计和管理科学技术结合起来使用。另外,仿真可以用于培训员工掌握如何操作现实系统;了解系统变量变化对系统的影响,进行实时控制,帮助员工建立新的企业管理观念。与其他方法相比,仿真技术的优势是它不受任何束缚对任何系统进行建模或提出假设。计算机日益增强的处理能力和存储能力使仿真技术应用范围进一步扩大。

4) 无线终端

现代港口装卸生产现场使用信息自动传输系统的基本技术是无线终端,它是一种集无线通信与计算机网络功能于一体的新型通信系统。随着港口吞吐量的不断增加,为使计算机能及时准确地处理大批量的进出口信息,为了提高码头的通过能力和管理水平,国内外先进码头(特别是集装箱码头)都采用无线终端。无线终端的使用前提是:必须已经建立健全的计算机管理信息系统,且运转正常;管理水平必须达到一定的层次;必须使管理规范化且员工具有较高的素质,生产部门的职工大部分都能熟练地操作计算机终端。无线终端的应用要围绕港口基本作业过程进行设计、数据采集、计划执行,使它成为数据库的最前端信息源头。

5) 电子商务

电子商务是指企业将它的主要业务通过企业内部网(Intranet)、外部网(Extranet)以及因特网(Internet)与企业的职员、客户、供应商以及合作伙伴直接相连时,其间所发生的各种商务活动。电子商务使用的现代信息技术包括:电子数据交换、电子邮件、电子资金转账、传真、多媒体、安全认证、文件交换、目录服务等,它们都是发展电子商务的技术支持。交通运输业在电子商务中发挥基础性的作用。电子商务环境中交易主体的电子化交易过程是由大量第三方中介参与的,电信中介为交易主体提供低成本的通信联系环境,金融中介为交易主体提供低成本的支付转账环境,而交通运输为交易主体提供低成本的实体物品转移环境。在整个交易成本的构成中,实体物品的物流费用占据了很大一部分。港口处于交通运输的枢纽地位,往往使其成为各类货物的集散中心或物流中心,物流费用中的相当一部分在港口发生。港口企业参与电子商务,通过信息的及时传递和合理规划,可以尽量减少不必要的实物转移,降低物流费用。另外,港口企业向货主、船东等服务对象提供各种服务的过程也伴随着大量的商务活动,随着货主与货主之间、货主与船东之间商务活动的电子化,港口企业商务活动的电子化是大势所趋。

综上所述,以港口装卸自动化、高效化和以 EDI 为基础的信息化日益成为影响港口区位发展的重要因素,即技术因子已成为港口区位势因子体系的重要组成部分。其中,信息技术的开发应用能力是港口提升市场竞争力、增强区位势的关键。未来港口的竞争将是十分激烈的。从实质上看,竞争的内容是争夺货源、争夺市场。但竞争的胜负,则在某种程度上取决于港口的泊位、功能、设备、集疏运能力、效率、服务质量和管理水平,也即由硬件和软件所构成的港口服务系统综合水平来确定。前面的分析表明,港口服务系统的综合水平在很大程度上受到港口信息技术的应用与管理水平的影响。信息技术的应用可改善港口的服务质量,提高港口的生产效率,优化港口资源的配置,进而改变了港口传统的劳动密集型产业的特性,促使港口向资本密集型和知识密集型方向发展,港口区位也从传统的劳动力指向转变为技术与资本指向,从而使现代港口成为高新技术产业和现代基础设施的最佳结合点之一。港口区位既是货物集散中心,又是信息中心。

4.5　港口管理区位势因子

古典区位理论一般从总体成本最低的角度研究区位因子,往往忽视对包括管理因素在内的人类行为因子对区位的影响。高兹的《海港区位论》亦是如此。高兹把影响海港区位的主要因素概括为运费、建造资本投入和劳动力费用，他认为理想的海港区位是总费用最低的地方。近代区位理论开始重视人的主观因素(对环境的知觉和相应的行为)对区位的形成与发展的作用。例如，Smith(1977，1981)、Martin(1987，1996)等人在产业区位和城市区位研究中非常重视市场、文化和人的行为等因素的作用，创立并发展了区位理论的行为学派。他们认为，政治、文化和人的行为因素是独立于地理环境之外的，对区位发展有着重要作用的区位因子。

(1) 政府的干预。它包括不同制度背景下的政府机构实行的政策，如资本主义制度下的保护关税、国有化、以军工生产刺激经济发展；中国特色社会主义制度下利用自然和劳动资源开发边远地区，促使全国经济平衡发展等。

(2) 经济发展中决策者的行为。它既可能会符合客观规律、促进地域经济活动的良性循环，也可能导致相反的效应。

政治、文化和人的行为因素对港口区位发展同样具有重要的影响。一方面，港口作为维系社会经济正常运转的重要基础部门，具有公共物品的性质。由于港口对国民经济和社会的发展有着极其重要的意义，因此，港口区位发展一直受到宗主国和所在地区政府的重视，纷纷采取各种政策、法律等手段进行不同程度地干预。另一方面，港口产业化的生产与经营具有一般企业的性质，其区位吸引力和竞争力的大小与港口企业决策、经营管理因素有关。前者是政府宏观管理的范畴，后者则是企业微观管理范畴。我们将上述对港口影响发展的相关区位因素统称为港口管理区位势因子。

4.5.1 港口管理模式与发展政策

港口的政府宏观管理区位势因子主要包括以下方面：

(1) 港口管理体制：是否实行自由港或类似自由港政策。

(2) 港口发展政策：贸易鼓励政策、工业鼓励政策、综合发展政策。

(3) 政策优惠：税收优惠、关税减免政策、外资股权限制、折旧政策、投资财政补贴。

(4) 法律因素：法规完备性、法律严肃性。

(5) 文化因素：价值观、社会习俗与传统、对外资的态度。

（6）市场条件：市场体系完备程度、市场机制运行状况。

（7）其他政治因素：政治稳定性、政治体制、政策透明度、政策一致性、政治民主性、社会治安条件。

在以上众多因素中，港口管理模式与港口发展政策对港口区位的影响与作用最为显著，也是港口管理区位势最为重要的内容。港口管理模式的形成与发展受到政治、经济、法律、文化、历史等多因素的影响。从世界范围看，港口管理的具体形式有较大的差异性。世界上不同的国家（地区）、同一国家的不同港口、同一港口的不同发展时期，其港口管理模式都有较大的不同（孟小梅、丁以中，2000；叶红军，1997）。当前国外主要港口管理模式如表 4-3 所示。

表4-3 当前世界各国主要港口管理模式

组织模式	资金来源	管理方式	主 要 优 点	主 要 缺 点
政府行政机构	政府（中央、地方）	官僚体制	① 分运用权力执行 ② 较易配合和其他建设计划的合理运用	① 资金受制于政府预算编排 ② 组织经营缺乏弹性与效率
公有公营	政府100%	公司组织、政府经营	① 可由政府征用土地 ② 可适度配合其他建设计划 ③ 超额利润归公	① 经营效率不佳 ② 易受政治干预
民有民营	民间100%	公司组织、民间经营	① 充分利用民间自检与经营能力 ② 使用者付费 ③ 促进多元化经营	① 利润导向，难以兼顾其他目标 ② 不能利用权力征用土地 ③ 具有自然独占的潜在危险，必须有客观监督标准
公私合营	政府、民间各占一定比例	公司组织、政府或民间主导经营	① 减轻民间投资风险 ② 摆脱政府行政干预的诸多限制，充分发挥民间资本在资源整合和经营上的优势	① 公平性政策目标配合性较低 ② 未能充分利用市场力量

组织模式	资金来源	管理方式	主 要 优 点	主 要 缺 点
财团法人	捐助资金	法人组织、政府主导经营	① 配合循环基金运作,促进合理运用资金 ② 具有组织弹性 ③ 容易配合政策需要	① 不易监督 ② 无法征用土地

港口管理成功与否的关键在于其模式是否适合本国国情和客观需要。国外港口管理正朝着以下方向发展:

(1) 港口行政管理以地方为主,政企分开。世界上主要国家港口行政管理大多是纵横交错,以地方政府为主。日本、韩国、荷兰、比利时、德国等国家的中央政府运输部门只负责行业管理,进行政策引导、规划协调和综合平衡。地方政府负责所有的港口行政管理事务。德国、比利时、荷兰三国港口所在地政府设有专门机构,具体履行港口行政管理职责:依据中央政府的全国发展计划,制定港口规划,组织港口建设;维护港口和港口设施;疏浚和管制航道;负责海上安全;管理港区土地和水域的使用;规划临港工业区的土地利用;等等。环保、消防和治安等由地方政府的其他专业管理部门负责。这种港口行政管理以地方为主,政企分开的港口管理体制有利于发挥地方政府的积极性。

(2) 港口建设投资多元化。许多国家港口的建设出现了投资主体多元化、投资方式多样化、港口基础设施建设资金筹措多渠道的特点。荷兰、德国、比利时三国港口投资建设由地方政府、中央政府和私营企业共同参与。政府主要投资建设港口下层设施,包括疏浚航道、平整土地、填海造陆、岸壁建造、泊位修建、进港道路修建等。一般地,大型项目建设资金由地方政府和中央政府共同承担。只要是双方认可的项目,中央政府的建设资金既不作为股份投入,也无须偿还,投资后形成的港口资产归地方政府所有。政府投资项目的工程建设主体,由地方政府以公开招标形式确定。港口上层设施,包括装卸设备、仓库堆场、办公楼及港内道路系统等,由租赁港区泊位的私营企业投资建设。工程建设主体由企业自行决定,建设内容需按照港口规划的要求,接受地方政府监督。港口码头建设采取多元化投资形式,大大加快了码头建设的步伐，减轻了政府的投资负担，并使码头建设比较重视投资的经济效益。

（3）港口经营实行市场化运作。国外港口投资主体虽然较为多元化，并有政府参与其中，但政府一般不直接从事码头经营活动，而是实行完全市场化的港口经营模式。例如在港区经营主体的确定上，荷兰、比利时、德国三国政府根据泊位把港区分成若干区域，然后通过市场公开招标，租赁给国内外企业，由这些企业负责港区建设和码头经营。政府向租赁者收取租金，以补充建港资金和管理费用。政府对船舶停靠码头和泊位的选择不加任何干预，政府不制定统一的费率标准等。日本和韩国的港口都实行这种市场化的经营方式，提高了港口的服务效率和经营效率。

（4）港区和临港工业区管理合一、协同发展。"港为城用，城以港兴"，已被世界港口城市的发展所证实。鹿特丹、汉堡和安特卫普的临港工业之所以得到长足发展，除了港口本身的优势外，主要因为城市当局充分重视港口对城市的影响，采取一系列措施促进港口与临港工业的协调发展。

第一，建港目的十分明确，不在于港口项目的直接经济效益大小，而在于利用港口条件发展城市产业，增加就业机会。

第二，港区内辟有专门的临港工业区，重点引进和规划布局港口相关产业。

第三，港区和临港工业区管理合一。这是鹿特丹、汉堡和安特卫普港经营管理的显著特点，也是临港工业得以发展的重要保证。鉴于港口和临港工业发展息息相关，三地港口管理部门统一规划管理港口设施用地和工业用地。例如，鹿特丹港于 1998 年制定和实施了一项名为"2020 年港口和产业一体化"的港口发展计划，其核心就是推动港口和临港工业的协同发展。

（5）推行自由港政策。自由港是自由区的几种形式中自由度最高、容纳层次最多、内容最为复杂、要求也最为严格的一种自由区（陈永山等，1988）。首先，自由港具有"境内关外"的政策优势，即"国境之内、关境之外"。货物与服务贸易可免于惯常的海关监管制度，实施开放的企业准入制度、保税制度、优惠的税收与产业政策等。其次，自由港税收优惠幅度大。一般商品进出口无须缴付关税。此外，企业还可享受土地租金、所得税、折旧等方面的政策性减免优惠。最后，自由港具有宽松的营商环境。除了对货物进出口给予免税待遇之外，往往还在对外资金流动、企业外汇留存、货币兑换、外汇利润自由汇出及人员往返等方面提供更为宽松的环境。

当前，越来越多的国家对其所属的港口实行自由港或类似于自由港的政策。通过货物自由贸易和关税豁免，港口对原材料、商品的集聚、辐射功能得到发挥，甚至带动国际资本流向的改变。货物、资金的频繁流动刺激了港口向现代化、国际化方向发展，也带动了地区经济的繁荣。例如，中国香港和新加坡就是一个自由港，对进出口贸易基本上没有管制，都实行低税的自由港政策。在通关手续、海关商检、转运手续和监督、作业程序、库场存储等方面都尽可能给予方便，并在各种收费项目方面给予优惠。

世界港口发展的主要趋势之一是港口企业的国际化和民营化经营。据有关水运文献信息显示，截至 2000 年，全世界发展中国家用于港口项目投资的外债总额已超过 300 亿美元，其中未清偿债务约占 72%。这些债务大约相当于世界外资债务的 5%。大多数港口相关债务是由政府主管部门举债而不是由港口企业直接出面借贷的。因此，港口债务在总体上影响了公共债务。近几年来，许多发展中国家积极推行港口产业国际化与民营化，吸引外资，把债务转换为资产，从而大幅度地降低服务成本。参与港口产业国际化经营的主力是大型船公司。随着国际集装箱多式联运产业进入综合物流时代，世界上越来越多的集装箱码头已由船公司经营。实力雄厚的跨国海运公司在港口产业的国际化经营中扮演着越来越重要的角色。参与港口跨国投资和跨国经营的另一大群体是一大批大型民营港口码头经营业主。这些码头公司将其国内核心业务向国外拓展，并利用其专业特长寻求国际投资机会。它们参与了包括发展中国家码头在内的投融资、改建新建工作，以争取国际市场份额，进一步拓展在海外的国际集装箱装卸业务。

合理的港口管理模式对港口的运行和发展起着至关重要的作用。除了上述港口管理模式及其发展趋势外，其他社会与管理因素，例如港口所在城市的文化传统、社会开放程度以及社会治安条件等对港口区位发展具有一定的影响。随着港口从劳动密集型向资本、技术与知识密集型产业转变，港口生产与管理需要更多的高素质人才。富有文化底蕴的港口城市，具有开放程度高和宽松的人才流动社会环境以及良好的社会治安条件、优美的港口城市风貌和现代化的生活设施,对高素质人才具有较强的吸引力,也有助于吸引更多的外资投入港口区位的建设,在很大程度上促进了港口区位的发展。例如,上海港在中国内地诸多港口中,占据最为重要的位置,除了地理位置和经济因素之外,上海的海派文化历史底蕴、较为完善的城市生活设施以及积极引进人才的各种举措吸引了海内外的各类人才,尤其是管理人才。

此外,良好的生态环境也是港口区位的另一重要因素。国际港口从 20 世纪的工业港、贸易港,发展到 21 世纪的工业港、贸易港、信息港和生态港。一个港口可以是以国际贸易为主的贸易港,也可以是以港口加工业为主的工业港,或者两者兼有的综合港。但是,在 21 世纪要雄踞世界港口之林,它必须是信息网络十分发达、信息资源得到充分利用的信息港,同时还必须是生态环境保护良好的生态港,因此,现代化的国际港口都十分重视生态环境的严格保护,对进港船舶、港口附近的企业和居民区的"三废"排放有着严格的要求,对一些突发性的污染事件都有完整的预防措施和应急预案。生态环境保护成为现代港口区位发展的重要政府管理因素。

4.5.2　港口企业的服务质量与管理水平

从港口企业的角度来看,港口区位的发展与港口企业的竞争力,即港口服务质量、港口生产与港口经营的管理水平和潜力密切相关。一方面,完善的港口码头管理体系、港口管理者和经营者较高的工作效率,直接影响着港口区位的竞争能力。香港之所以能成为世界第一大集装箱港也得益于香港人的勤奋拼搏精神及出色的办事效率。新加坡一直能中转东南亚地区大量的集装箱,其码头装卸效率及整个物流服务系统效率之高在全世界范围内也是有目共睹的。另一方面,随着集装箱与多式联运方式的发展,作为衔接水陆交通运输的枢纽,港口区位在运输系统中的地位更加巩固,作用更加明显。基于海运在国际贸易中的重要地位(2018 年海运约占世界贸易运输总量的 60%,中国则高达 90%),世界主要航运公司成为开展国际集装箱多式联运业务的最重要承运方。面对快速发展的集装箱运输业,世界主要航运公司以国际重要港口为据点,以海运为主体,联系陆上铁路和公路,以及航空运输,以"登陆上天"的方式,成为国际集装箱多式联运的主力军。随着国际集装箱多式联运的进一步发展与完善,港口的区位性质发生了重要变化。现代港口不再是传统意义上的连接水陆运输方式的货物装卸场所,而是货主开展"门到门"服务的全程运输系统的一个主要环节。因此,港口区位的吸引力与竞争力更多地表现为港口企业为顾客提供高效优质的全程运输服务能力。这不仅要求港口企业对发生在港口区域内的生产经营活动实现高效化的管理,同时还要求港口企业能与其他开展联运的运输部门充分协作,提高全程运输服务质量水平,从而增强港口区位的市场竞争力。

综上所述,港口自然区位势因子、港口运输区位势因子、港口经济区位势因子、港口技术区位势因子和港口管理区位势因子共同构成现代港口区位势因子体系。其中,港口自然区位势因子主要包括港口地理位置和自然条件,港口运输区位势因子包括港口的腹地条件、港口集疏运系统状况和港口规模,港口经济区位势因子包括临港产业化和港口城市经济发展状况,港口技术区位势因子包括港口生产效率和港口技术开发应用能力,港口管理区位势因子包括政府对港口的管理体制和发展政策,以及港口企业的管理水平和服务质量等。

第5章
港口综合区位势及其测度方法

　　港口综合区位势测度的理论模型是通过建立起港口区位势评价指标体系得到的。其中各个基本区位势因子的统计描述指标是评价指标体系的基础。必须指出的是,在理论分析模型和统计描述体系之间建立起直接的联系是有一定困难的,因为任何一个理论模型都是抽象化的,它不可能将统计体系包含的所有要素和指标都纳入一个变量方程而建立起与统计体系相对应的模型。同时,理论分析模型中的一些指标在统计体系中也是找不到的,如港口管理区位势因子有关的指标。然而,要科学地分析港口区位的吸引力和竞争力,仅有定性描述是难以做到的,必须进行必要的定量分析。为此,我们尽可能选择能反映港口区位性质的定量指标。由于港口区位是一个集自然、经济、技术、交通、政治等多因素于一体的庞大复杂系统,许多指标无法直接定量测量,对于这些必要的定性指标,需要采取合适的方法使其定量化(孙东川、陆明生,1987;王浣尘等,1984)。

5.1　港口综合区位势评价指标体系

　　根据港口区位势的内涵和港口区位势因子体系结构,将港口区位势指标体系划分为 5 个一级指标、11 个二级指标和 27 个三级指标。其中,一级指标的值由二级指标推导而得,二级指标的值又由三级指标推导得出,三级指标为统计描述性指标,或直接给出,或由若干个统计指标综合后给出。

　　一级指标 v 包括:港口自然区位势因子 v_1、港口运输区位势因子 v_2、港口

经济区位势因子 v_3、港口技术区位势因子 v_4 和港口管理区位势因子 v_5。

二级指标 u 包括:地理位置 u_1、自然条件 u_2、腹地条件 u_3、集疏运系统状况 u_4、港口规模 u_5、临港地区的产业发展状况 u_6、港口城市的经济发展状况 u_7、港口生产效率 u_8、港口技术开发应用及创新能力 u_9、港口管理体制与发展政策 u_{10}、港口企业竞争力 u_{11}。

三级指标 h 包括:自然地理位置的类型 h_1、所处航线的级别 h_2、岸线条件(中深水岸线长度) h_3、岸滩与航道稳定性 h_4、港区陆域面积 h_5、港口维护难易程度 h_6、腹地货源总量 h_7、腹地经济发展水平 h_8、经济外向度 h_9、经济年均增长率 h_{10}、主要交通线交汇状况 h_{11}、综合吞吐量及增长率 h_{12}、吞吐能力 h_{13}、港口必备业 h_{14}、港口吸引业 h_{15}、港口诱发业 h_{16}、港口城市经济发展水平 h_{17};金融环境 h_{18}、劳动力资源 h_{19}、平均装卸效率 h_{20}、单据传递和文件处理效率 h_{21}、港口技术人员的数量 h_{22}、港口技术研发资金投入 h_{23}、港口市场化程度 h_{24}、港口政策的稳定性与协调性 h_{25}、港口企业服务质量 h_{26} 以及港口企业管理能力与水平 h_{27}(见图 5-1)。

5.2 港口区位势指标的定量化与标准化

5.2.1 评价指标定量化

港口区位势评价指标体系的第三级指标,即港口区位势的统计描述指标集合的所有指标条目,按照表现形式可分为定量化和定性化描述两大类。

1) 第一类:可以直接或间接定量化的指标

(1) h_3——岸线条件,以中深水岸线长度来表示。

(2) h_5——港口码头的陆域作业区面积。

(3) h_6——港口维护难易程度,以港口日常维护费用支出来表示。

(4) h_7——腹地的货源总量。

(5) h_8——腹地经济发展,用地区生产总值来表示。

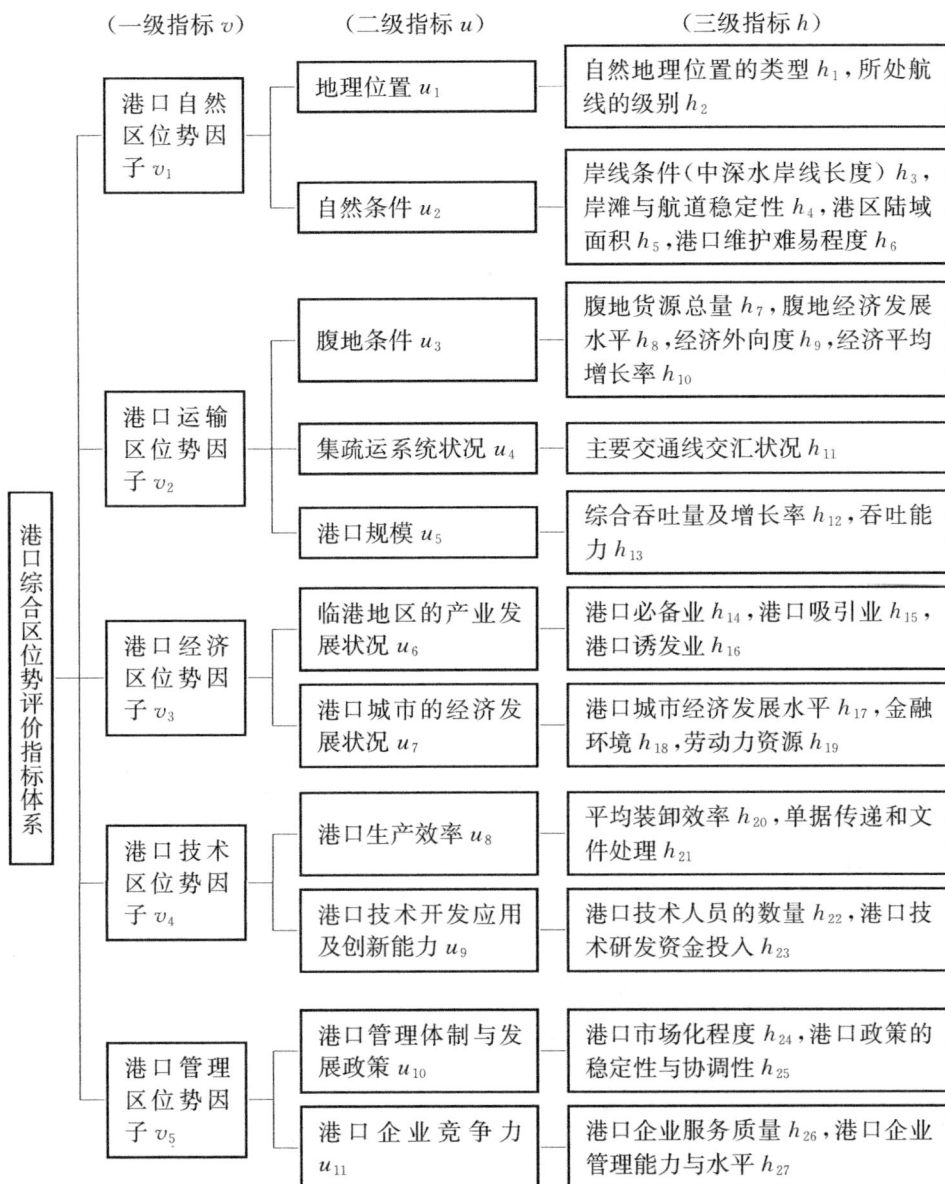

图 5-1 港口综合区位势评价指标体系

（6）h_9——腹地经济外向度，外贸进出口总额占地区国内生产总值的比重。

（7）h_{10}——腹地经济年均增长率。

（8）h_{12}——港口综合吞吐量及增长率，港口平均综合吞吐量×（1＋年均增长率)。

(9) h_{13}——港口综合吞吐能力。

(10) h_{14}——港口必备业生产总值。

(11) h_{15}——港口吸引业生产总值×港口联系系数。

(12) h_{16}——港口诱发业生产总值×港口联系系数。

(13) h_{17}——港口城市经济发展水平,一般根据 GDP、GNP,工农业总产值和社会总产值,财政收入总额、支出总额,进口额、出口额,社会商品零售总额,引进外资总额,人均 GNP(GDP),城市人均可支配收入,职工工资,城市居民人均存款额等指标综合衡量。

(14) h_{19}——港口城市劳动力资源状况,用劳动力总量、成本、平均受教育程度来表示。

(15) h_{20}——港口平均装卸效率。

(16) h_{21}——单据传递和文件处理效率。

(17) h_{22}——港口技术人员的数量。

(18) h_{23}——港口技术研发资金投入。

(19) h_{26}——港口企业服务质量,以单位货物全程运输的时间耗费、货币支出以及货损率和货差率等综合衡量。

2) 第二类:定性指标

(1) h_1——自然地理位置的类型。

(2) h_2——所处航线的级别。

(3) h_4——岸滩与航道稳定性。

(4) h_{11}——主要交通线交汇状况。

(5) h_{18}——港口城市的金融环境。

(6) h_{24}——港口市场化程度。

(7) h_{25}——港口政策的稳定性与协调性。

(8) h_{27}——港口企业管理能力与水平。

对于这些指标,可运用模糊数学方法,按照具体情况将各项评价指标分成若干等级,采用德尔菲法,赋予相应的值,使定性指标定量化。其中:

(1) h_1——按照海港、河口港和内河港来分类,并按照自然位置的优越性赋予不同的值。

（2）h_2——按照"国际干线、洲际干线、支线"三个等级，分别赋值。

（3）h_4——将岸滩与航道稳定性分为"稳定、较稳定、一般稳定、不很稳定和不稳定"五级，分别赋值。

（4）h_{11}——主要交通线交汇状况，每个港口按照四项标准来打分：临海 1 分、高速公路 1 分、铁路 1 分，两个以上方向铁路 3 分，将得分加总得到 h_{11} 指标数值。

（5）h_{18}——港口城市的金融环境，通过对港口所在城市的金融机构存贷款额、保险收入和金融市场运营状况的分析，将城市金融市场的发育成熟程度和资金融通调动能力分为若干级别，并赋予不同的值。

（6）h_{24}——港口市场化程度，对是否实行自由港或类自由港政策（港口保税区规模），政府对港口经营的干预和控制程度，港口经营企业决策的自主程度和分散程度、港口建设投资渠道的多样化，以及港口经营的民营化和国际化程度等进行综合全面分析，或采用专家评分法赋值。

（7）h_{25}——港口政策的稳定性与协调性，将该项分为"稳定、较稳定、一般稳定、不很稳定和不稳定"五级，分别赋值。

（8）h_{27}——港口企业管理能力与水平，以港口企业中管理类人才的数量或管理类人才占就业总人数的比例表示。

5.2.2　评价指标标准化

为了消除量纲量级对指标评价的影响，需要对原指标集进行标准化处理。假定对一定区域内的 n 个港口进行 m 项指标综合评价，其指标集矩阵为 $\boldsymbol{X}_{ij}$（其中 $i=1,2,\cdots,n;j=1,2,\cdots,m$），标准化方法为

$$Y_{ij}=\frac{\boldsymbol{X}_{ij}-\overline{X_j}}{\delta_j} \tag{5-1}$$

其中

$$\overline{X_j}=\frac{1}{n}\sum_{i=1}^{n}\boldsymbol{X}_{ij} \tag{5-2}$$

$$\delta_j=\sqrt{\frac{1}{n}\sum_{i=1}^{n}(\boldsymbol{X}_{ij}-\overline{X_j})^2} \tag{5-3}$$

Y_{ij} 为港口 i 的第 j 项指标的标准化值,其值范围为 0～1。

5.3 港口区位势测度的数学模型

本书采用多目标综合决策的层次分析法,建立测度港口区位势的数学模型。层次分析法(AHP)是美国运筹学家萨蒂(Saaty)于 20 世纪 70 年代提出的一种多准则决策方法。它是一种新的定性与定量分析相结合的系统分析方法。由于 AHP 具有完备的数学理论基础、严格的逻辑推理、非结构化向结构化转换的功能、描述问题实用等特点而受到越来越多的重视和运用。AHP 实质是一种决策思维方式,其最大的贡献在于对人的主观判断做出了客观的定量描述。AHP 解决问题的基本思路:从系统的层次性特征出发由高到低划分成若干层次,建立一个树状层次分析结构以描述元素之间的相互关系。根据对一定客观现实的判断,就每一层次的元素相对于上一层元素的重要性给予定量表示,利用数学方法,确定表达每一层次的全部元素的相对重要次序的权值,通过对结果进行排序,对问题进行分析和决策(王莲芬、许树柏,1990;陈湛匀,1991)。整个过程逻辑结构如图 5-2 所示。

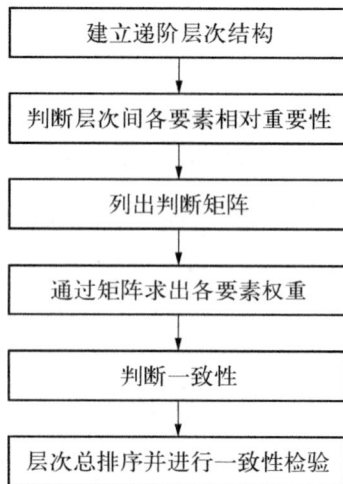

建立递阶层次结构

判断层次间各要素相对重要性

列出判断矩阵

通过矩阵求出各要素权重

判断一致性

层次总排序并进行一致性检验

图 5-2 层次分析法逻辑结构图

1）港口区位势测度的递阶层次结构

港口区位势测度的递阶层次结构如图 5-3 所示。

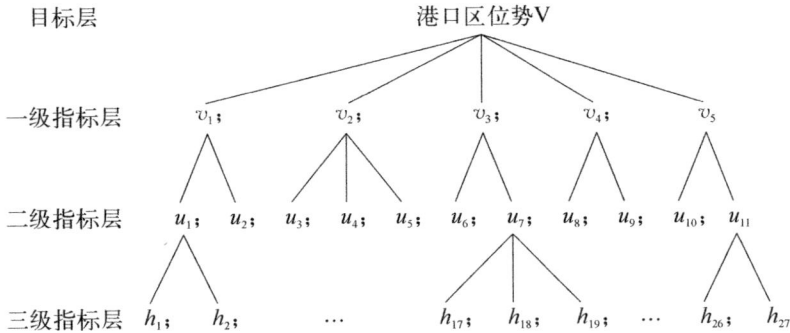

图 5-3　港口区位势测度的递阶层次结构

2）构造两两比较判断矩阵

在建立递阶层次结构以后，上下层之间元素的隶属关系就确定了。假定上一层次的元素 C_k 作为准则，对下一层次的元素 $A_1, A_2, \cdots, A_n$ 有支配关系，其目的是在准则 C_k 下按照它们的相对重要性赋予 $A_1, A_2, \cdots, A_n$ 相应的权重。AHP 是用两两比较的方法来获得相对权重。通过对各个元素进行反复的两两比较，得出每个元素相对于其他元素的相对重要比率，然后将元素的比较结果综合起来，得出元素的综合权重。这里需要对重要程度赋予一定的数值。一般使用 1～9 来标度，其含义如表 5-1 所示。

表 5-1　重要性标度及其含义

重 要 性	标 度 的 含 义
1	A 与 B 具有同等的重要性
3	A 比 B 稍微重要
5	A 比 B 重要
7	A 比 B 重要得多
9	A 比 B 极端重要
2,4,6,8	重要度介于其上和下者之间

资料来源：施欣. 水运企业现代管理理论方法与应用[M]. 北京：人民交通出版社, 2000.

采用 1～9 的重要性标度方法是将思维判断数量化的一种较好的方法。

首先,在区分事物质的差别时,人们总是用相同、较强、强、很强、极端强的语言。再进一步细分,可以在相邻的两极中插入折中的提法,因此对于大多数决策判断来说1～9级的标度是适用的。其次,心理学实验表明,大多数人对不同事物在相同属性上差别的分辨力在5～9之间,采用1～9的标度能反映多数人的判断能力。最后,当被比较的元素的属性处于不同的数量级时,一般需要将较高数量级元素进一步分解,这可以保证被比较元素在所考虑的属性上有同一个数量级或比较接近,从而适用于1～9的标度。

对于 n 个元素来说,通过两两比较,可以得到两两比较判断矩阵 $\boldsymbol{A}$:

$$\boldsymbol{A} = (a_{ij})_{n \times n} \tag{5-4}$$

判断矩阵具有如下性质:

$$a_{ij} > 0$$

$$a_{ij} = \frac{1}{a_{ji}}$$

$$a_{ii} = 1$$

3) 计算单一准则下元素的相对权重

这一步要解决在准则 C_k 下,n 个元素 $A_1, A_2, \cdots, A_n$ 排序权重的计算问题,并进行一致性检验。对于 $A_1, A_2, \cdots, A_n$ 通过两两比较得到的判断矩阵 $\boldsymbol{A}$,解特征根问题: $\boldsymbol{AW} = \lambda_{\max} \boldsymbol{W}$。

所得到的 $\boldsymbol{W}$ 经正规化后作为元素 $A_1, A_2, \cdots, A_n$ 在准则下的排序权重。这种方法即排序权向量计算的特征根方法。$\lambda_{\max}$ 存在且唯一,$\boldsymbol{W}$ 可以由正分量组成,$\boldsymbol{W}$ 也是唯一的。一般可采用和积法求 W_i:

$$W_i = \frac{1}{n} \sum_{j=1}^{n} a_{ij} \quad (i = 1, 2, \cdots, n) \tag{5-5}$$

$$\boldsymbol{W} = (W_1, W_2, \cdots, W_n)^{\mathrm{T}} \tag{5-6}$$

采用近似算法求 $\lambda_{\max}$:

$$\lambda_{\max} = \sum_{i=1}^{n} \frac{(AW)_i}{nW_i} \tag{5-7}$$

4) 判断一致性

为了判断各元素的逐对比较结果是否符合一致性,需要计算一致性指数

$CI = \dfrac{\lambda_{\max} - n}{n-1}$,再根据一致性辨别公式:**CR=CI/RI** 做出判断。**RI** 可查平均

随机一致性表(见表 5-2)得到。

表 5-2 RI 平均随机一致性表

矩阵大小	1	2	3	4	5	6	7	8	9
RI	0	0	0.58	0.9	1.12	1.24	1.32	1.41	1.45

资料来源:施欣. 水运企业现代管理理论方法与应用[M].北京:人民交通出版社,2000.

若 **CR=CI/RI**<0.1,则符合一致性判断,即认为该判断矩阵具有满意的
一致性,就可依次确定各元素的权重。

5) 计算港口区位势

$$V_i = \sum_{j=1}^{5} w_j v_j \qquad (5-8)$$

式中,V_i 为研究对象 i 港口区位势,由港口区位势评价指标体系中的一级指标
v_j 加权平均后得出。v_j($j=1,2,\cdots,5$)分别表示 i 港口自然区位势、港口运输
区位势、港口经济区位势、港口技术区位势和港口管理区位势,w 为一级指标
权重,则有:

$$v_j = \sum w'_k u_k \qquad (5-9)$$

式中,u_k 为评价指标体系的二级指标,经评价指标体系中的第三级指标加权
平均后得出,w' 为各二级指标的权重,则有:

$$u_k = \sum w''_l h_l \qquad (5-10)$$

式中,h_l 为评价指标体系的三级指标,w''_l 为各三级指标的权重。

6) 港口相对区位势模型

研究的特定区域中,某一港口在区域港口群体集合中获取或供应与港口
相关活动区位要素的相对能力即为港口相对区位势。

$$P_i = \frac{V_i}{\sum_{j=1}^{n} V_j} \qquad (5-11)$$

式中，P_i 为 i 港口在研究对象区域内的相对区位势，是指 i 港口在该区域港口群体集合中区位发展的相对潜力与吸引力，反映了 i 港口所占据的地位与发挥的作用，是划分枢纽港、干线港和喂给港的重要依据之一。

第 6 章
港口基本区位势发展机制

根据港口区位势的含义和港口区位势因子体系结构,本书将港口区位势分解为五个基本组成部分,分别为:港口自然区位势、港口运输区位势、港口经济区位势、港口技术区位势和港口管理区位势,进一步探讨随着社会、经济和技术的发展,全球经济一体化发展和世界经济贸易空间格局的动态变化的进程中,港口基本区位势发展的内在机制。

6.1 港口自然区位势发展机制

根据港口自然区位势的内涵,港口自然区位势反映为地理位置和自然条件的优越性。一般地,港口地理位置和自然条件是港口自身具有的区位要素,且在长时期内不会发生变化,因此,港口自然区位势具有慢变化率的性质,即港口自然区位势在相当长时期内是稳定的。但是,必须指出的是,若从更长的时间尺度去考察,港口自然区位势并不是亘古不变的,伴随着世界和区域经济贸易发展的空间格局变化,港口自然区位势也在不断地发展变化。

从历史范畴来看,世界贸易空间格局是动态变化的,由此带动相应的全球性交通运输网络也在动态变化中。在不同的运输网络格局中,港口的地理位置优越性具有不同的内涵。纵观世界经济发展历史,国际经济中心和贸易中心在不断变迁(宋炳良,2001)。15 世纪,国际贸易中心在地中海地区。意大利在经历了文艺复兴后成为欧洲的经济和文化中心。位于意大利东北沿海的威尼斯,是意大利最为繁荣的城市,威尼斯港由此成为当时地中海地区最繁忙的港口之一。后来,随着达伽玛开辟的印度东方航线,紧接着哥伦布发现美洲新大陆之后,欧洲开始面对一个前所未有的广阔世界。国际贸易重心开始从地中海地区转向大西洋地区。先是西班牙和葡萄牙成为欧洲的强国,位于葡萄牙西海岸茹河的入海口,濒临大西洋东侧的里斯本港地理位置的优越性凸显,成为 16 世纪和 17 世纪的重要港口。

随着欧洲贸易的中心转移到西北欧英吉利海峡周围,安特卫普首先崛起为重要的大港,接着是阿姆斯特丹。18 世纪后半叶起,经历了资产阶级革命的英国开始了工业化进程,国力迅速增强。由于伦敦在英国与欧洲大陆、北美洲以及东方殖民地三者之间占据枢纽地位,不久就超过阿姆斯特丹,伦敦港由此成为欧洲乃至世界最大的国际商港。在大西洋彼岸,英国的影响最远扩散到距欧洲最近、自然条件比较相似的美国东北部地区。由于伊利运河的开通,纽约到五大湖地区有了全年通航的水道,其地理位置的优越性尽显,纽约港由此成为美国最大的港口。

第二次世界大战后,世界贸易中心开始从大西洋向太平洋地区转移。欧洲资本主义老牌强国的力量遭到削弱,而美国东北部工业地区经历了 100 多年的发展,已趋于老化,而电子工业、航天工业等新兴主导产业开始向美国西部、南部以及日本等地转移。随着亚太地区经济的崛起,在太平洋地区占据优越地理位置的港口,如洛杉矶、长滩、东京、神户、新加坡、中国香港、釜山等陆续成为世界级大港。

从较大的历史尺度上看,衡量港口自然条件优越性的标准也在发生变化。20 世纪 50 年代以前,海运船舶的吨位一般为几千吨到一万吨左右,对航道水深条件要求不高,故水深条件不足以成为度量港口区位条件的一个关键因素。当时世界主要港口大多是位于河流下游进海处的河港,如位于泰晤士河下游的伦敦港、易北河下游的汉堡港、莱茵河下游的鹿特丹港以及位于长江下游黄浦江畔的上海港等。这些港口位于区域主干河流的下游,既可通过海运联系世界,又可通过河运联系自身腹地,因此具有较高的自然区位势,成为区域重要的商港。

然而,20 世纪 50 年代以后,船舶不断大型化成为国际航运市场中较为普遍的现象。例如,石油运输船从几万吨发展到目前营运最多的 20 万～30 万吨

级的油船;煤炭运输也由 3 万～7 万吨发展到目前以 10 万～20 万吨级船舶运
输为主;矿石运输船由 6 万～8 万吨发展到目前普遍的 25 万～35 万吨级的船
舶运输。集装箱船舶的大型化发展更为迅速,从 20 世纪 60 年代的第一代发
展到今天的第六代,载箱量从 700TEU 发展到了 8 000TEU,甚至超过
10 000TEU(真虹,1999;王合生、李昌峰,1999)。

　　船舶大型化要求港口具有良好的水深条件,用以建设接纳大型船舶的泊
位。由于海底挖掘耗资巨大,因此港口的水深条件、海底地质以及船舶靠泊水
域的大小等自然条件是否优越成为港口能否得到兴建与发展的重要因素之
一。岸线资源、地形和工程地质条件等陆域状况不仅直接影响港口陆域建设
中的基础处理量和工程规模,而且还关系到港区的空间布局和日常运营的经
济性能。世界一些主要港口开始由河港向下游入海处拓展,成为河口港,如鹿
特丹港、汉堡港等。一些位于重要国际航线上的深水海港,如中国香港、新加
坡等成为国际海运枢纽中心。

　　根据以上分析,我们可以构造如图 6-1 所示的港口自然区位势变化机制
示意图。

图 6-1　港口自然区位势的变化机制示意图

6.2　港口运输区位势发展机制

　　根据港口运输区位势的内涵,港口运输区位势的发展机制有以下路径:

（1）扩大港口的腹地范围。

（2）完善港口集疏运系统。

（3）增加港口的吞吐能力。

通过对港口运输区位势因子的系统分析,可以得出上述三条路径是相互

影响、相互统一的,即通过改善联系腹地的港口集疏运系统,提高港口运输的规模经济性,降低全程广义运输成本,以促进港口运输区位势发展。

货主选择港口是一个多目标决策的过程,货主及其代理人在选择运输路径(包括转运港)时需权衡运输服务所承担的货币支出、时间和风险承担等因素。因此,需要用全程广义运输成本取代距离和运费率。显然,与时间和风险有关的成本随运输距离的延伸而加速增长。降低全程广义运输成本主要通过以下途径实现。

1)增强港口集疏运系统的完善度

港口与腹地联系必须通过港口集疏运系统得以实现。改善港口集疏运系统是增强港口运输区位势的必要条件。集疏运系统的完善程度反映为港口可达性,它是由联系港口与腹地的交通运输通路及其能力、距离、运输中转时间等条件决定的。港口可达性主要体现在以下两个方面:一是港口集疏运系统的规模与构成;二是集疏运系统的成网化水平。集疏运系统的规模与构成是一个港口综合运输能力的重要标志,制约着港口与腹地联系的总体规模。一般情况下,由各种运输方式交通线构成的集疏运系统规模越大,构成越完整(即具有公路、铁路、水路、航空等多种运输方式),所形成的综合运输能力就越强,港口与腹地运输联系的规模、强度或潜力也越大。相反,集疏运系统规模越小,运输联系的规模、强度或潜力也越小。毋庸置疑,由同类交通线构成的集疏运系统的规模越大,产生的港口与腹地运输联系的能力更强,腹地范围也会越大。因此,港口运输区位势是与港口集疏运系统的规模呈正相关关系的。集疏运系统的成网化水平,通常用路网密度——单位国土面积交通线长度表示,是衡量港口可达性的重要指标,直接反映港口与腹地之间的运输联系的便捷程度。集疏运系统成网化水平越高,腹地与港口间的联系就越便捷,港口运输区位势就越强。

在很大程度上,增强港口运输区位势就是不断优化港口集疏运系统的过程。其主要路径包括:一是提高集疏运系统中各种运输方式的规模、等级和成网化水平;二是促使不同运输方式相互衔接和协同发展,并构成一个有机整体。由于货主和海上承运人将更多地从港口与腹地之间的运输可达性,即集散转运频率、途中所需时间和全程运输成本来评估和选择挂靠港,世界主要港口普遍采取扩充港口集疏运系统的基础设施建设,加强可供选择的集散运输功能,在现有或新开辟目的地提供创新的运输服务种类,重组现有集疏运体系,增强其快速应变能力和提高生产效率,以提高港口运输区位势。例如,欧洲国家中央政府和港口地方政府都十分重视港口集疏运系统的建设。近年来,相继实施了德国汉堡与柏林之间的铁路电气化,法国勒阿弗尔与斯特拉斯堡之间铁路营运级别提升等项目,加上 1992 年完工的美因-多瑙运河,连接了莱茵河与多瑙河,巩固了鹿特丹、汉堡和勒阿弗尔等欧洲港口在国际航运网络中的地位(宋炳良,2001)。

2) 提高港口运输的规模经济性

港口运输规模经济性主要是指因港口运输基础设施和货源规模所形成的经济效益具有边际效益递增的特点。随着港口规模的增大,吞吐能力、船舶吨位、国际航班密度和挂靠频率的增加,港口对腹地货物运输的吸引力就会相应增强。港口规模越大,服务功能越完善,越能吸引更多的船舶和货主,从而使港口腹地或服务范围进一步扩大,即增加了腹地货源。

对于货主来说,除了要求货物运输费用和港口装卸费用尽可能低之外,往往更注重货物运输服务质量(主要包括货物完好性、运输及时性和运输便利性等方面)。港口与海外目的港之间的运输成本,主要包括时间成本和经济成本两方面。其中,经济成本反映为海运价格。一般地,海运价格是航运公司在综合考虑了运输货物的容积(船体)、货物重量与价值三个条件后,经过换算制定出来的;时间成本则取决于港口航线密度与航班频率。实质上,两者都与海运规模经济性直接相关。

海运价格与船舶的大小直接相关。航运组织理论与实践表明:航线越长,船舶越大越经济。例如,澳日航线上,采用 15 万吨级的船舶运输矿石比采用 6 万吨级船舶节约运输费用 60%;又据伦敦德鲁里航运咨询公司对 6 000 TEU 以上的超巴拿马型船的分析,在澳日航线上,每单位 TEU 运输成本与巴拿马型船比较,可节约船员费用 30%、燃油成本 20%、保险费用 10%、港口费用 15%、维修及保养费用 25%;另据对部分航运公司实际营运成本的比较分析,第五代超巴拿马集装箱船比第四代巴拿马型集装箱船每单位 TEU 成本可减少 200 美元左右(张培林、黎志成,2000)。由此可见,随着全球经济一体化和跨国公司的发展,长距离运输货物快速发展,在激烈竞争的航运市场面前,为节约运输成本,船舶大型化趋势在所难免。因此,港口自然条件,尤其是水深条件,越来越成为制约港口发展的重要区位要素。具有大船靠泊的大型深水航道和泊位的港口,才能满足海运规模经济性要求。

时间因素是货主所关注的,尤其对于外贸货物运输而言,确保货物运输的及时性,使"交货期"最短是其最重要的要求,对价值高昂的件杂货更是如此。因此,提高港口航线密度及航班频率,减少货物在港停留时间,成为港口区位势发展的重要机制之一。

然而,我们应该注意到,船舶大型化趋势与减少港口停时可能是相矛盾的。大型船舶载货量多,而通常情况下件杂货的批量较小,这就意味着要积聚足够的货物需要比较长的时间,这就要延长货物的交货期。为了解决货物交货期尽可能短、同时使船舶载重量利用率尽可能高这两方面的矛盾,在件杂货和集装箱运输中出现了"定期班轮"的组织形式。这种运输组织形式的效益在很大程度上与港口腹地货源的集中性有关。如果港口腹地货源过于分散,将可能因运量过少而导致港口航班次少,航线不够密集,收不到缩短交货期的效果;或者船公司为了提高船舶营运经济效率,又进一步延长了货物实际送达时间,从而导致货主货物运输的全程广义运输成本上升,港口的规模就会缩小,因此,充沛的腹地货源条件,有利于提高货物集中程度,有利于缩短货物的交货期。港口、货主和船舶三者之间相互促进的良性循环,是航运经济内在的规律性,同时也是港口区位势不断发展的过程。

运输的便利性是货主关注的另一因素,它包括与承运人联系的便利性,为货物提供仓储、包装、报关、报检等各种服务的便利性,以及金融、贸易、保险等各种活动的便利性,而港口规模越大,这方面的便利性越有保障。由于港口规模越大,对货主越便利,港口的信誉也越高,因而越有利于吸引更多的货物。港口货物越多,越有利于提高船舶载重量利用率,因而吸引更多的船舶来港挂靠。来港的船舶越多,港口航线航班也就越密集,从而越有利于货主选择运输船舶和缩短交货期,吸引更多的货主。上述分析表明,通过增强港口集疏运系统的完善度和提高港口规模的经济性来降低全程广义运输成本、扩大腹地范围,从而可以提升港口运输区位势。港口运输区位势发展机制如图 6-2 所示。

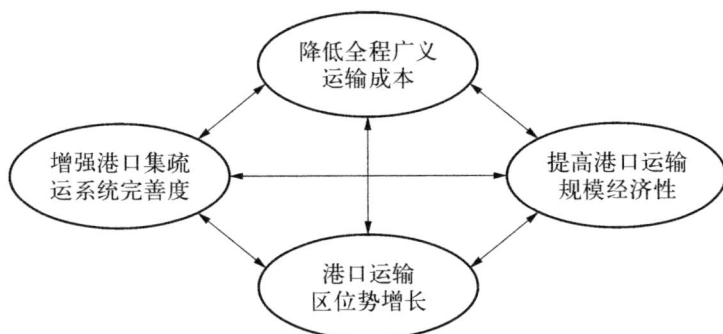

图 6‑2　港口运输区位势发展机制示意图

6.3　港口经济区位势发展机制

全球经济一体化和国际贸易的不断发展,促使港口区位功能朝着多元化方向迅速发展。港口区位功能的多元化发展既是现代港口区位的主要特征之一,同时也是港口经济区位势发展的重要机制。由于运输的便利性,港口区位对一些需要大量运输的工业企业特别是重化工业具有较大的吸引力。在这些工业企业向港口地区集中的过程中,港口地区不断获得越来越高的专业化生产集聚度,工业基础日益雄厚,工业企业的数量、规模和市场影响力不断扩大,并带动贸易、金融等产业的发展,逐渐形成港口型经济。港口型经济形成与发展的过程实质上就是港口经济区位势不断发展的过程。港口型经济形成与发展的内在机制是以港口为枢纽的货物运输和集散功能与城市其他经济功能相互融合,引领、带动城市其他功能的培育和发展。

1) 港口货物运输和集散功能与国际性、区域性商品贸易的经济功能相结合

以港口为枢纽的海上运输只是生产过程的延续,货物空间流动的最终目的是商品价值的实现。因此,港口城市的海上运输和集散功能往往与商品交换、国际贸易相结合,并形成国际性或区域性商品贸易中心和中转基地。如香港既是国际航运中心,又是国际性购物中心、贸易中心。

2）港口货物运输和集散功能与工业制造中心的经济功能相结合

港口城市具有连接原材料市场和商品经济市场的区位优势,往往成为工业特别是与港口运输密切相关的能源工业、重化工业布点的最佳选择。实践表明,大港口对于大型工业项目具有较好的启动效应和热点效应,有利于形成与大港功能相适应的临海工业基地和产业集群,形成新的产业优势。因此,优良港口及其邻近区域是最有效益的工业生产基地,港口和临海工业生产的有机结合是港口城市经济发展的强大动力。如新加坡炼油、钢铁、造船及轻型加工业相当发达。战后日本新建的大量消耗原料的炼油、石化、钢铁、造船等资源型工业大多分布在东京湾以南的沿太平洋带状工业地带上,依托大港口形成巨大的临海型工业带。

3）港口货物运输和集散功能与港口型综合服务相结合

港口货物运输和集散功能直接或间接地与港口型综合服务,如金融、信息等功能相结合,促使港口城市逐步形成为港口运输、港口工业、港口贸易服务的第三产业中心,从而促进港口经济区位势发展。

根据上述分析,我们可构建出如图 6-3 所示的港口经济区位势发展机制示意图。

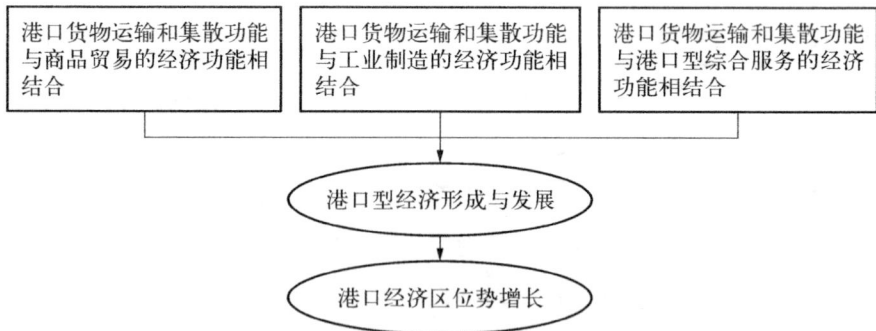

图 6-3　港口经济区位势发展机制模式示意图

6.4　港口技术区位势发展机制

根据港口技术区位势的内涵,港口技术区位势发展主要表现在两个方面:

一是港口码头的装卸作业中不断引入先进设备,改善工艺和生产流程,减少船舶在港的停留时间,提高船舶周转效率和港口泊位的利用率,提高港口生产效率;二是提高港口相关技术的开发、应用和创新能力。其中,不断提高信息技术的开发、应用和创新能力是现代港口技术区位势发展的重要机制,主要包括以下几个方面的内容。

1) 提高港口管理信息的网络化水平

港口管理信息的网络化水平反映了港口技术区位势的优势。随着计算机网络技术的发展,港口管理信息的网络化已成为全球化的纽带,现代港口区位不仅是货物的配送中心,也是信息的集散和处理中心。采用 EDI 技术,实现港口管理信息的网络化是港口区位发展的基础条件。例如,构筑新加坡国际航运中心信息平台的主要是 TRADENET 和 PORTNET 两个电子信息系统。早在 1990 年,新加坡就投资建立了全国 EDI 贸易服务网——TRADENET。该网络通过横向联合,把新加坡所有国际贸易主管机构连接到一个整体系统网络中,实现各部门之间的信息共享。通过垂直联合,已与 5 000 多家公司的管理信息系统实现联网,确保信息流的畅通。PORTNET 系统是一个国家范围内的电子商务系统,该系统连接整个航运界,包括相关政府职能部门、代理、海关、港务集网、港口用户等,并逐步向世界其他港口延伸。PORTNET 系统有 7 000 多家用户,平均每年处理超过 7 000 万宗交易。可以说,正是有了这样一个全社会共享的电子信息平台,才使得新加坡国际航运中心的功能得以有效发挥。

2) 提高港口管理系统的智能化水平

港口管理系统的智能化水平是衡量港口技术区位势的另一重要指标。通过计算机技术和港口管理相结合建立起来的管理信息系统(MIS),目前在港口普遍使用。随着港口功能向多元化与产业化发展,对 MIS 的要求已不再只是管理上的功能,而是需要有决策和预测功能,目前发展的趋势是将决策支持系统(DSS)与 MIS 结合,实现 MIS 的智能化。

3) 实现管理工作的协同化

计算机支持下的协同工作(CSCW)是在计算机网络下实现管理工作自动化的重要发展趋势。CSCW 可以实现异地同时或异地异时多个节点的协调工作,通关 Agent 技术(具有通信和智能功能的软件体)对工作中出现的矛盾与冲突进行协调求解。CSCW 的运用,不仅可以实现管理工作协同化,还可以实现管理工作无会议化。

4)提升港口技术创新能力

技术创新是指在原有技术的基础上加以改进或采用新的技术,使企业的人、财、物等生产要素的结合更趋完善。技术创新是驱动企业发展的一种根本性力量,它决定着企业在激烈的市场竞争中的竞争实力。港口作为资本、技术和知识密集型的产业,技术创新与港口区位发展之间的关系非常密切。港口不仅要引入并充分利用现有的技术,为货主提供良好的服务,同时,在科学技术日新月异的情况下,需要不断地进行技术创新,增强港口区位竞争力。

综上所述,现代港口技术区位势的发展机制如图 6-4 所示。

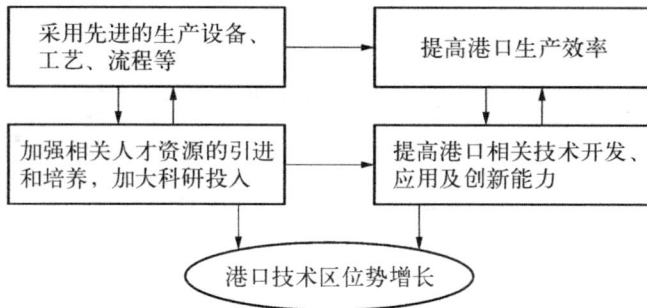

图 6-4　港口技术区位势发展机制模式示意图

6.5　港口管理区位势发展机制

港口管理区位势的发展途径主要包括:一是改进港口管理体制和发展政策;二是提升港口企业的市场竞争力。

1)改进港口管理体制和发展政策

世界一些重要的海运国家的港口管理体制及其变革动向表明,对港口的管辖已逐步由中央转向地方,港口经营逐步实现民营化或公司化。这种变革适应了新形势下航运市场竞争的需要,有利于提高港口的效率和竞争能力。

　　纵观世界主要港口的管理体制和发展政策,由于所属各国的政治、经济、文化等方面的差异,不同国家采取的港口管理体制和实施的发展政策也不尽相同。然而,伴随着全球经济一体化和国际贸易的迅速发展,各主要港口区位逐步融入全球综合运输网络当中。在全球化的背景中运作,港口管理体制和发展政策的制定应满足以下要求(杨华龙、李德源,1999):① 满足港口经济性的要求;② 满足港口独立性的要求;③ 满足国际港口政策协调性的要求。

　　改革开放以来,我国港口体制进行了一系列的改革。在计划经济体制时代,我国沿海港口的管理基本上是"双重领导,以部为主"。1984 年以后,这一体制开始发生变化:除秦皇岛以外,其他港口是"双重领导,以地方为主"。经过近 20 年的发展,其管理体制又做出重大调整:2001 年底,国务院转发了《关于深化中央直属和双重领导管理体制改革的意见》,将现有由中央管理和中央与地方共同管理的港口全部下放地方,港口下放后实行政企分开;改革港口现行的计划、财务管理体制,港口资产无偿划转地方管理,财务管理由"以港养港,以收抵支"改为"收支两条线"。2003 年 6 月 29 日,我国通过了《中华人民共和国港口法》,以法律形式正式确认中国港口业的体制和发展方向,确认中国港口由地方政府管理,实行政企分开的行政管理体制;确认多元化的投资主体和经营主体建设经营港口的制度。实践表明,这些改革方向是正确的,它们在一定程度上满足了市场竞争的需要。但是,当前我国港口管理体制方面还存在一些问题,需要在全面深化改革中加以解决:① 一统到底的局面尚未彻底改变;② 港口改革相对滞后,集团化、股份制等现代企业制度尚未建立;③ 责、权、利关系不明晰。

　　为了使我国港口业逐步地、真正地进入国际航运市场,并使其具有较强的竞争能力和自我发展能力,当前要借鉴国外港口管理的经验,结合我国港口的生产实际,推进我国港口管理体制的改革。国外港口管理模式的分析研究,对我国港口管理体制改革有以下启示。

　　(1)港口管理体制改革势在必行。当前世界各国港口竞争日趋激烈,我国周边许多港口不断改善其经营管理模式以提高竞争力,我国只有改革港口管理中存在的政企不分、产权关系模糊、政策滞后等弊端,建立现代企业制度,真正确立港口企业独立法人地位,完善经营机制,理顺企业内部各部门之间的关系,划清责任与权利,明晰法人产权;加强管理,提高港口效率,提高港口企业的经营管理水平,才能在竞争中占据优势。

(2) 打破单一的经营模式,实行内引外联,寻求多方合作。政府或国有企业和私营企业共同管理港口的模式之所以在世界范围内普遍存在,以及港口民营化趋势的出现,其主要优势表现为:有利于克服港口公有公营的弊端,有利于减轻政府的财政负担,提高港口管理效率,有效地筹措和利用资金。这种模式能把政府参与管理、发挥港口的社会公益性与私人或股份公司经营发挥其市场化经营的高效性相结合,有利于同时发挥港口公益性和经济性,这对于我国的港口管理体制改革具有重要意义。

(3) 调整政府投资方向,提高港口基础设施供给能力和投资效率。新的港口管理体制形成后,国家对港口的投资应从经营性领域撤出,将投资主要集中在三个方面:一是航道、锚地、港区道路等公用设施;二是用于向港口使用者或其他经营者出租的所谓"光板码头";三是重要能源和对国民经济全局具有重要影响的港口码头。

(4) 要有意识地培育市场,逐步建立起在港务局指导下的全港市场和在国家指导下的全国港口市场,最终与国际接轨,进入国际航运市场。

2) 提升港口企业的市场竞争力

随着经济社会的发展和贸易市场结构的变化,当前货主对港口的选择不再主要基于港口费率的单纯考虑,而是涉及时间效益、经济效益和安全效益多个层面。日本 APC 航运公司于 1989 年对货主做了调查,发现货主对港口选择时所考虑的因素已不仅仅局限于低费率上,而是扩展到多个方面,尤其是服务质量。货主选择港口的考虑因素及其重要性排序如表 6-1 所示。

表 6-1　货主选择港口的考虑因素及重要性排序

序号	考虑因素	序号	考虑因素	序号	考虑因素
1	准时起运	5	中转时间	9	控制的质量
2	负责	6	服务范围	10	理赔程序
3	价格	7	单据的准确性	11	跟踪信息的能力
4	准时接货	8	良好的设备		

资料来源:施欣.水运企业现代管理理论方法与应用[M].北京:人民交通出版社,2000.

　　调查表明,港口费率已不再是货主选择港口的唯一因素,现代港口区位的
吸引力与竞争力更多地表现在港口企业为顾客提供高效优质的全程运输服务
的能力。而这种能力的提高,必须以先进高效的企业管理为基础。国外将这
种通过集装箱多式联运模式向货主提供优质高效的"门到门"的全程运输服务
称为"无缝运输"(seamless-transport)服务。真正意义上的"无缝运输"是指从
发货到收货的运输全过程中,各个环节高度协调,没有任何延误与偏差,充分
实现全程运输的时间性、经济性和安全性的高效统一,必须提高全程运输各个
环节的效率,同时增强每个环节之间的协调性。这对作为综合运输系统重要
环节的港口区位提出了更高的要求。面对激烈的市场竞争,为了吸引承运公
司,要求港口企业改善生产经营,提高管理效率,加强与其他运输环节的合作,
更好地满足货主对"无缝运输"服务的需求,以提高企业竞争力。港口管理区
位势发展机制如图 6-5 所示。

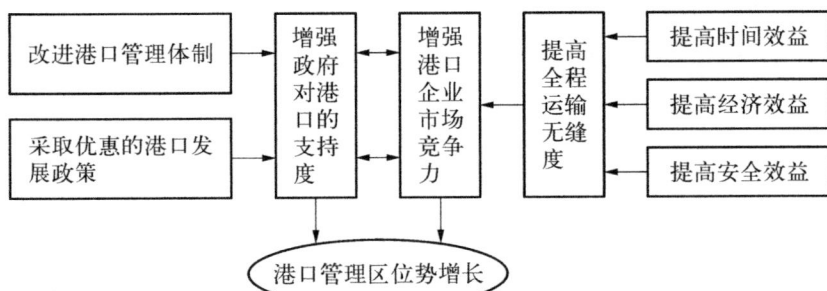

图 6-5　港口管理区位势发展机制示意图

第7章
现代物流与港口综合区位势发展机制

伴随着世界经济贸易格局与发展态势的变化,国际集装箱运输迅速发展。同时,在企业经营跨国化浪潮的影响下,现代综合物流服务逐渐取代传统运输业,成为货主关注的焦点。在这一宏观背景下,现代港口区位的性质发生了重大变化,货主对港口的需求已不仅是要求提供运输服务,而且货主希望港口提供包括储存、加工、信息等在内的一整套物流服务,港口区位已从传统的运输枢纽转化为综合物流的重要环节。

7.1 现代物流与港口区位发展演化

7.1.1 现代物流的内涵与特征

现代综合物流服务逐渐取代传统的运输业是当前社会向后工业时代、信息社会时代转变的重要特征之一。与传统的运输业相比,现代综合物流的含义更为广泛。按照美国物流协会的定义,现代物流是指为满足消费者需求而进行的原材料、中间库存、最终产品及相关信息从起点到终点间的有效流动和存储的计划、实施与控制管理的全过程。现代物流是将商品经济活动中所有供应、生产、销售、运输等流通活动综合为一个系统总体,关心的是整个系统的运行效能与费用,而不仅仅是某一局部。它是物质流通的大系统管理,不仅包括生产前的原材料供应,生产后的产品配送,而且还包括从原材料供应到产品配送间的相关信息流(王之泰等,2001)。

20 世纪 80 年代以来,在企业经营跨国化浪潮的影响下,综合物流成为货主关注的焦点。货主企业的发展战略在不同程度上从生产与销售转为市场与用户服务导向,在经营战略上实施总体物流合理化的策略。而物流也随之从传统的独立管理时代进入现代综合管理时代,其重点则由扩大生产能力和规模,转向提高系统效率、稳定生产销售及增强竞争能力方面。由于现代物流服务综合考虑了物流全过程,并使各方面因素达到最佳平衡状态,提高了服务质量与效率,大大降低了产品的流通成本,因此现代物流的发展受到各国政府和企业的高度重视,被看作是企业降低物资消耗、提高生产率以外的"第三利润源泉"和贸易成功的重要驱动因素,在全世界范围内被广泛接受并成为一种发展方向。现代物流系统具有以下几个方面的特征(董千里,2015;张书声、佐伯弘治,1998)。

(1) 现代物流系统是由运输、存储、包装、装卸、流通加工、物流信息传递、单证处理等诸多环节构成的综合服务体系。现代物流系统是从采购开始经过生产和货物配送到达客户的一体化供应链,物流系统的竞争力取决于它的一体化整合程度。

(2) 运输的标准化与信息化是现代物流得以存在及发展的基础。现代物流是以集装箱运输为基础,实现了运输标准化和信息化,从而有利于开展货物的多式联运。

(3) 运输空间网络化是现代物流系统发展的一个基本趋势。为了降低成本、争取货源、实现及时运输(just-in-time),现代物流已改变了传统的运输组织体系,无论在海上还是在陆地都形成了一种枢纽节点与支线节点相统一的运输网络体系。货物首先在枢纽节点集中,然后再向支线节点配送,货物实际上是在全球范围内的枢纽节点与支线节点上的集聚与扩散。

(4) 规模化是现代物流发展的重要方向。实现远程的及时运输需要建立全球性或区域性的系统化运输、存储及货物配送网络体系,它本身决定了物流运输具有一种规模化的经济效率。集团化、规模化是物流企业发展的必然趋势。全球性的物流企业集团大多是由世界航运公司建立起来的,如丹麦马士基航运公司、美国总统轮船公司以及日本大和运输公司等。

(5) 实物流与信息流是构成综合物流的两个基本方面。实物流主要包括运输货物的包装、装卸、运输、储存等；而信息流包括了货物在空间转移的各种信息、单证以及对各种货流与市场信息的收集、查询、发布、分析。随着网络经济的不断发展，电子商务规模的不断扩大，信息流在现代物流中的地位越来越重要。

7.1.2　港口区位的空间结构演化

随着经济全球化的发展，世界贸易发展也非常迅速，不仅贸易规模有了大幅增长，而且贸易的格局也发生了较大的变化。世界贸易中心出现了多级化发展的趋势。20世纪80年代以来，世界贸易中心的格局有了较大变化，改变了以前主要集中在欧洲和北美东海岸的格局，在全球范围内逐步扩散，特别是亚洲地区已经成为目前世界贸易活动最活跃的地区之一。同时，世界贸易对象也发生了重大变化。发展中国家开始注重原材料的深度加工，以提高产品的附加值，原材料与初级产品的对外贸易量不断下降，半成品与成品贸易量迅速增加。世界经济贸易的发展变化，对港口区位产生了重要的影响。

（1）世界贸易格局的变化，产品的生产和消费呈现全球化的特点。贸易和生产企业提出了"全球经营战略"，即"在成本最低的地区生产，在价格最高的地区销售"，从而使得海运需求迅速增长。以世界集装箱运输为例，进入20世纪80年代以来，世界集装箱运输量以年均9%的速度增长。

（2）半成品和产成品贸易量迅速增加，货主对运输的质量、时间和安全性提出了更高的要求，从而促使运输技术与运输方式出现大范围的变革。货主对运输成本的考虑不仅局限于水运区域，而是更加强调运输的整个环节，从而引起运输方式的变革。国际集装箱多式联运在全球范围内迅速发展起来。随着运输集装箱化率的不断提高，不同运输方式之间的协调配合受到高度重视。"门到门"运输服务方式的兴起给港口的日常运营管理带来了巨大的变革，同时也带来了加强运输组织"软环境"建设的迫切性。

（3）货主从传统的追求运输成本最小化转向整个物流系统高效化的市场经营战略，现代物流逐步取代传统运输业迅速发展，港口成为物流链的关键节点，港口的所有活动均服务于整个物流系统。

伴随着综合物流的发展，现代港口区位性质发生了重大变化。港口的功能已经超出了传统的仅作为转运功能区的范围,形成一个由转运、配送、仓储、工业和贸易等功能性节点相互依存的港口功能综合体(Konings,1996)。从产业区位空间演化规律的角度看,港口功能综合体形成可看成是港口相关产业空间分散化进程和集聚化进程共同作用的结果。一方面,由于港口功能的多元化发展,主要港口都受到区位要素瓶颈的困扰。在货物转运和商业活动持续增长的情况下,规模非经济性在港口交通运输能力、空间劳动条件和环境质量等方面逐渐显现。另一方面,交通流的增长造成道路系统拥挤;缺乏运作空间、高昂的土地成本、传统的刚性劳动环境严重侵蚀着港口原有的区位优势。因此,随着港口功能区位选择的多样化,要求在传统的港口区域内使得各种不同的港口相关活动都获得最佳运作显然是不现实的。当现有的港口区域不能提供相关活动所期望的区位要素时,港口相关活动开始在现有港区以外寻找新的区位,开始再区位的过程(宋炳良,2001)。由于这些活动本身与港口密不可分的交互作用关系,其再区位过程实质上是港口功能区位的空间扩张过程。

　　从经济、技术、社会变化的角度看,世界主要港口功能区位发展演变的轨迹可以归结为如下 4 个空间发展阶段,如图 7-1 所示(Van Klink,1998)。

　　(1) 孤立港。从经济技术的角度看,该时期为第一代港口发展时期,也是商业港口逐步形成阶段。该阶段港口功能仅限于码头装卸和运输,货源是普通货物,主要是输运食物和能源。港口区位是贸易中心和产业中心的运输功能区,充当货物转运点和储存地。港

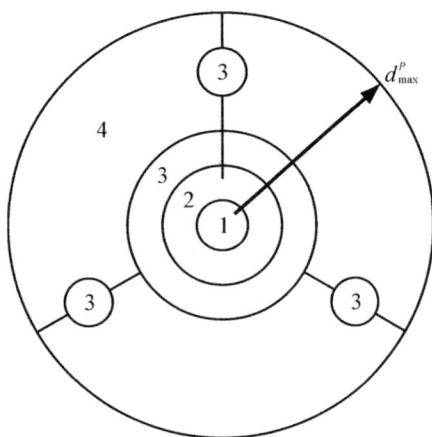

图 7-1　港口区位的空间结构
演化阶段示意图

口运输是劳动密集型产业。这一阶段很少有洲际运输。这时的港口活动主要集中于港口城市。港口权力部门的任务被限制在提供航运服务上。图 7-1中圈层 1 代表该阶段港口区位功能的空间范围。

　　(2) 港口区。第二代港口的发展与世界性的工业化进程相适应。该阶段港口成为交通运输枢纽,并成为一些大型石化工业的生产基地,港口商业贸易

也得到一定的发展,港口主要货源为大宗散货。港口功能伴随着工业的发展而趋于复杂化,在出现了洲际大宗原材料运输后形成港口区。这个阶段的区域工业主要建在低成本的海外原材料的基础上。海港的空间规模已经扩大到港口毗邻地区,除了沿着码头分布,还包含针对工业的不以码头为约束的地域。港口设备增多,资本投入变得密集起来。港口权力部门的任务主要是提供土地和基础设施。该阶段港口区位功能的空间范围如图7-1的圈层2所示。

(3) 港口圈。图7-1的圈层3代表第三阶段港口区位功能的空间范围。在这一阶段,随着国际贸易和产业生产模式的变化,集装箱成为港口主要的货流形式。除了转运、储存、工业制造之外,集装箱配送成为港口的主要功能之一。由于集装箱的合成和分配可以定位在距离码头较远的地方,因此,与港口有关的活动可以分布在一个比较大的区域内。这样,用集装箱运输的货物被分配在一个个功能不同的港口区,若干的港口区联系形成港口圈。同时,随着集装箱船舶逐渐大型化,导致挂靠港口数目减少,使得中心港口的枢纽地位更为突出,功能得以加强。大的海港功能主要是作为洲际集装箱运输的主要港口。

港口圈不但覆盖了港口区的范围,而且还包括了港口区周围的地域。港口圈与港口区的区别在于前者有自己的附域,附域不执行港口功能,而是为港口圈内部的港口区服务。为了解决港口区之间以及港口区及其周围地区的竞争,港口权力部门的作用非常重要。

港口圈的生成改变了区域的空间结构。原来位于港口区内的区位单位可能改变自己的区位,通过再区位来完成市场竞争。由于港口的区位单位再区位过程中受到运输联系和文化一致性的影响,并不是每个港口周围的地域都能成为新的港口地域的一部分,因此,规模扩大是非连续的。此外,信息技术的应用意味着一些与港口有关的活动不需落户于港口区内,仅通过实质方式与港口交互作用。因此,港口圈几乎不被看成是一个连续的地理单位。

(4) 港口网络。港口功能与空间发展的第四阶段为港口网络阶段。在更大区域范围内,若干个港口圈及其内地腹地共同构成港口网络。在港口圈阶段,随着空间要求的加强和活动流动性的增强,区位的相对吸引力也在发生变化。这时形成"推拉作用","推"的作用是针对港口自身而言的,包括规模不经济、交通拥挤、缺少空间和高价的劳动力等因素使得港口区位吸引力下降;"拉"的作用是针对港口范围外的新的区位而言,这些区位因为具备诱人的区位要素而使自身吸引力增强,对原来港口区位内的相关活动形成拉力。推拉作用潜在影响着区域的变化。港口相关活动的再区位过程是产业空间分散化进程的重要内容之一。多式联运及信息技术使得这些扩散变得容易。比如集装箱仓库建立在远离海岸线的地方,以节省仓储费;这个集装箱仓库可能服务于若干港口圈。这使得港口圈成为功能个体化的港口圈。与此同时,港口相关服务业规模经济性又吸引了一批新的服务产业聚集在港口区域内,成为产业空间集聚进程的一部分。在产业不断集中与分散的进程中,港口功能区的范围大为拓展。由于产业活动的"空间重叠"进程,新的港口功能区不再是传统的不可分割的均质体,而是涵盖了各种节点和层次的圈层式的港口网络。在港口网络中形成新的功能港口圈,港口网络中各港口圈的节点功能的个体化和一体化都导致了港口区位功能之间的相互作用。功能个体化是指港口网络功能活动在空间上分解到各个港口圈,港口圈各自定位在适合自己区位要求的地点。然而,由于港口功能关联产生综合需求,形成港口圈的一体化,使得不同的区位中港口圈执行职能时合作得更加密切,形成一种关系密切的网络体系来执行港口功能。

根据网络理论,行为主体间的功能性相互依存关系可确定为三种类型的联系:序贯型联系(一个主体的产出对于另一个主体则是投入,主体间组成链状网络)、互换型联系(主体间相互使用对方的产出,主体间组成复杂型网络)和竞争型联系(各主体享用共有的资源,主体间组成编组网络)。港口网络可以按这三种功能相互依存的关系做更加详细地区分:

一是链状网络(chain networks)。链状网络是在连续联系的基础上,一个节点的产出是另一个节点的投入,网络中的各个节点根据它们在物流关系链中的功能互相联系进行定位;网络中的活动根据链的路线顺序进行定位。在国际性的货物流动联系中,主要港口是链状网络的龙头。

二是复杂网络(complex networks)。复杂网络是在连续联系的基础上,组成网络节点互相利用的结果。这些相互依赖的节点不是独立的,而是联系一个或少数几个核心功能节点去执行自身的职能。整个网络中各圈因为功能互补而有序，主要港口往往就是复杂网络的核心。

三是编组网络(formation networks)。编组网络是基于共享区位因素联系上的网络。网络中的节点享用相同的区位或资源，由于这种共享的倾向，产生直接的联系；但是这时的功能依赖却削弱了。在这些直接联系中，可能有补充与竞争两种情况。例如，在港口腹地结构方面，不同的港口服务于相同的腹地，港口网络可被认为是编组网络。

需要指出的是，一个港口可能处于港口网络三种类型中任何一个位置上，港口的功能越强，货物流量越大，腹地范围越广，港口网络就越广。图7-2表示港口网络的构成。图7-2中A为主要港口，该港口与节点B因为共享一个区位因子，而构成了一个编组网络，由于节点B与A服务于相同的市场而利用相同的区位因子，就有可能与港口A发生竞争。港口A中的运输由节点C的储存定位和节点D的制造定位相互支持，形成互为对方的区位因子，所以港口A、C和D组成了一个复杂网络。最后，港口A与节点E和F同为一个物流链中的连接点，形成链状网络。

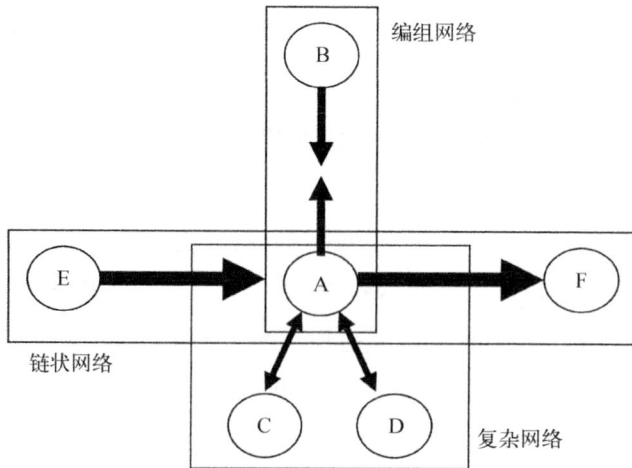

A—主要港口；
B—相邻的具有替代性特征的节点(如邻近港口)；
C—储存节点；
D—工业节点；
E/F—物流链中的其他连接节点。

图7-2　港口网络构成示意图

图 7-2 不仅反映了港口网络的构成类型与内容,同时还表明港口网络中主要港口与相关节点之间的相互依存关系:在以主要港口 A 为中心的港口网络中,除了与 A 组成编组网络的 B 节点与 A 具有某些替代性特征而构成一定的竞争性之外,港口 A 与其他节点(C、D、E、F)之间具有重要的互补性。事实上,港口 A 的吸引力不仅由竞争对手 B 的职能决定,而且还由节点 C、D、E 和 F 针对港口 A 的联系策略所构造出来的背景作用而决定。这就说明了港口区位势不仅受到相邻的其他港口的竞争关系的制约,还取决于港口区位与其他节点间的互补作用。

7.2　区位合作与港口综合区位势发展

7.2.1　区位合作与港口综合区位势发展机制

集装箱化与国际多式联运的不断发展与完善,促使全球性运输网络逐步形成,承运人可以更加自由灵活地选择货物运输线路,对某一特定港口的依赖性日趋减弱(Tomas,1994)。同时,货主对港口区位的选择越来越融入物流链的总体目标中。因此,在综合物流时代,港口的所有活动直接或间接地服务于其所在的物流系统,港口区位优势不再局限于水陆运输的便利性,更多地体现为港口所在的物流系统的综合物流能力以及港口对整个物流系统的控制能力。

一个完整的物流系统可能会涉及生产者、铁路、公路、港口、口岸、航运、消费者等多个主体,生产者关心的是如何将产品以最低的成本、最快的效率送到消费者手中,消费者则关心供应链的成本和效率及个性化的服务。在整个物流系统中,综合物流能力是指每一个环节综合起来所体现的成本和效率。系统中任何一个环节出现问题都会影响整个系统的运作。作为整个物流系统的重要环节,要求港口在制定其区位发展战略的出发点上,不能仅以港口区位的一个点,而是要以港口所在的整个物流系统优化为出发点进行战略研究,通过提高物流系统的综合物流能力和港口对物流系统的综合控制能力,实现港口区位势的发展。

物流系统的综合物流能力取决于它的一体化整合程度。这要求港口与物流链的其他各个环节之间实行有效的区位合作。对于企业而言，通过合作，企业更容易得到新市场和新资源，降低生产成本以及为生产专业化创造条件，以巩固其长期的竞争地位。企业战略合作的两大内容是确定核心业务和选择合作伙伴。对于重要港口而言，核心业务可理解为劳动密集程度低、土地占用少、道路交通密度低、信息流量密度高、高附加值以及环境损坏程度低的大批量海运业务。区位合作的目的是增强港口综合区位势。由于现代港口区位不是孤立存在的，而是与其他相关节点构成一个网络体，港口综合区位势不仅受到相邻的其他港口的竞争关系制约，还取决于港口区位与其他节点间的互补作用，因此，主要港口应将港口网络内的其他所有相关节点作为区位合作伙伴的备选。

由于港口与物流系统中其他节点之间具有较强的互补性，区位合作显然能够给彼此带来好处，从而比较容易达成共识，成为合作伙伴。另外，集装箱化与多式联运的开展为港口区位与内陆节点之间的合作创造了良好的条件；信息技术的迅速发展以及由此带来的广义运输成本的下降为港口区位功能圈内部的集散配送、储存、加工以及商业贸易等节点的区位合作奠定了基础。

对于相邻的具有某种替代性特征的节点，例如相邻的其他港口，如果它们拥有的区位要素相同或相差不大，由于享用的资源相同、服务市场重叠，在市场有限制的情况下，这些相邻港口之间往往存在激烈的竞争。港口间竞争不仅对各港口所在的物流系统的稳定性造成影响，还会影响该港口对物流系统的控制能力，从而影响港口综合区位势的发展。为了消除过度竞争造成的损失，相邻港口之间有可能实行一定程度的区位合作，因此，相邻港口之间往往存在着一种既竞争又合作的现象。

此外，港口综合区位势发展还涉及港口与港口用户之间、港口与所在城市之间的关系如何协调的问题。下面运用现代经济学的博弈理论，进一步揭示港口与相关各方实现区位合作的内在机制。

7.2.2 区位合作与港口综合区位势发展的博弈论分析

现代经济学最新发展的一大特点是博弈论的研究与应用受到越来越多的

重视。在世界各国的经济、经济政策以及世界经济环境发生的深刻变化,生产规模不断扩大和集中,垄断和寡头垄断势力增强,经济生活中各种力量的联合和对抗不断强化,各国政府出于一定目的对经济生活干预强化的背景下,企业之间、企业和消费者之间、政府与企业之间相互影响、相互制约作用不断加强。因此,以完全自由竞争的市场经济为主,把经济中各种复杂的相互作用只是作为偶然的次要现象的传统经济理论和研究方法显然已经不能满足需要,而注重经济生活中各个方面、各个体之间的相互影响,以它们之间的对抗、依赖和制约为研究的前提和出发点的博弈论得到极大关注,成为现代经济理论发展的一个主要方向。

作为一种决策理论和方法,博弈论来源于一切通过策略进行对抗或合作的人类活动和行为。因此,博弈论不仅适用于经济领域,在军事、法律、政治、国际关系和外交、环保、体育竞技等诸多领域都有广阔的应用前景(谢识予,2002)。近几年来,博弈理论作为研究产业组织的一种行之有效的方法,在运输领域也得到了比较广泛的应用。然而,运用博弈论对港口区位进行的研究不多。笔者认为,随着集装箱运输与多式联运的迅速发展,航运市场的竞争日益激烈,这使得拥有相同或可替代的相似区位要素,并服务于相同市场的相邻港口之间的竞争更为激烈;同时,在当前综合物流服务迅速发展的背景下,港口区位作为物流系统的关键节点,与物流系统中其他节点间的相互影响、相互制约作用不断加强。因此,将博弈论应用到港口区位发展战略的制定中,不仅可作为港口权力部门(港务界)决策的依据和参考,具有重要的实践价值,而且是区位理论研究领域的创新点,具有重要的理论意义。本书将港口区位合作战略的制定和实施看成是博弈的过程,分析港口区位合作的内在机制。

研究的出发点是港口区位发展需要港口(其区位行为主体是指港口决策机构,如港航管理机构)与其有密切关系的各方之间进行区位合作的可能性,并分析区位合作对港口综合区位势发展的影响。为此,首先分析港口博弈的对象,以港口为中心,港口区位合作博弈对象类型如图 7-3 所示。

如图 7-3 所示,主要港口区位的发展需要与 4 种类型的对象进行合作:

(1) 港口城市。即港口所依托的城市,对港口区位发展提供金融、保险等各种服务设施和交通、通信等基础条件以及土地空间。

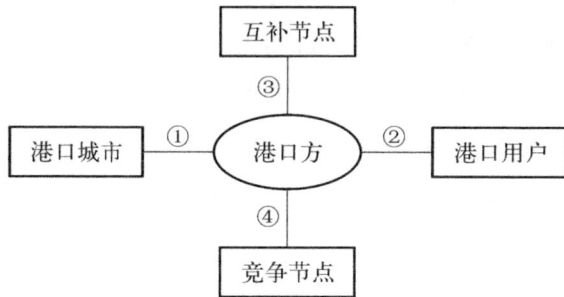

图 7-3　港口区位合作博弈对象类型

（2）港口用户。即港口服务对象，主要指货主和船公司。

（3）互补节点。与港口功能具有互补性的区位主体（图 7-2 中 C、D、E、F 等节点）。

（4）竞争节点。与主要港口享有某一相同区位要素的节点，主要指相关的其他港口（图 7-2 中的节点 B）。

为研究方便起见，本书假设港口与每个对象的博弈都是独立的，则港口区位战略合作的相关博弈由 4 个相互独立的博弈组成：① 港口——港口城市；② 港口——港口用户；③ 港口——互补节点；④ 港口——竞争节点。

由于上述 4 个博弈是相互独立的，即任何一个博弈的过程和结果对其他博弈没有影响，因此在分析其中任何一个博弈时不用考虑其他博弈。

1）港口——港口城市的区位合作博弈

港口与港口所在的城市的区位合作给双方带来的好处是显而易见的。

从港口的角度看，港口区位的发展离不开城市的支持。港口城市商品市场发育程度较高，拥有较健全的商业设施和商业组织机构，成为区域乃至国际性商品集散中心。港口城市的各种服务设施和交通、通信条件是港口区位发挥作用的主要物质基础。与港口城市发达的工商业相适应，港口城市一般拥有国内和国际性的金融机构、科研实验中心、教育中心、信息咨询机构以及发达的通信网络等服务设施，这些为港口区位的高效运作和发展奠定了良好的基础，为港口功能的不断延伸、扩张、辐射提供了必要的物质条件。港口运输不可能独立于城市去实现，正如鲍德因（Bandonin）所指出的"由于港口是作为沿海活动的核心，是一个交换、经营、分配和转运的地区，必将需要自己的银行、保险、信息和研究等服务结构。而整套的系列服务无法专门由港口提供，应由充分发达的港口都市区来提供"。港口之间的竞争不再仅仅依靠它们自身的基础设施与装备，由港口城市提供综合性服务体系才能保证港口的竞争力。

从港口城市的角度看，由于港口区位发展诱发了各种各样的国际贸易，促进城市贸易、金融等第三产业的发展，由此创造了经济效益；同时，港口建设与发展能为城市创造就业机会，提高居民的收入水平，由此创造了社会效益。因此，港口城市的发展在很大程度上依赖于港口的发展，这也是世界上大多数港口城市对港口业的发展非常重视，在土地利用及其他政策方面给予很大支持的原因。

然而，当前在一些发达国家也出现了港口所在的城市抵触港口发展的现象。港口的发展在为城市创造社会效益和经济效益的同时，也会造成社会损失。如港口活动造成的环境污染问题以及占用大量的土地资源，造成城市空间拥挤等是世界主要港口普遍存在的问题。这些社会成本抵消了部分社会福利，尤其恶化了居住条件(Hoyle,1995)。因此，在一些经济发达的国家，由于城市居民日益增强的环保意识，港口区位的发展经常遭到来自港口所在城市居民的抵触。例如，20 世纪 90 年代末，荷兰鹿特丹城市政府由于市民的广泛反对，不得不取消对鹿特丹港加大基础设施建设、增加两个大型油码头的计划(Tomas,1994)。

以上分析表明，港口的发展需要与城市有效合作，但是，城市可能选择合作，也可能选择不合作。这里，将港口发展带来的社会经济效益视为正福利效应，而将港口发展造成的社会成本视为负福利效应，假设只有在港口发展造成的负福利效应小于正福利效应时，城市才采取合作；否则，双方不合作。这是一个两方博弈，构造如图 7 - 4 所示的简单得益矩阵来分析港城博弈机制。

	城市	
	合作	不合作
港口　合作	(*a*, *b*)	(0, 0)
港口　不合作	(0, 0)	(0, 0)

图 7 - 4　港城合作博弈的得益矩阵

由于合作对港口带来的收益是肯定的,因此,$a>0$;b 值表示港口发展带来的总福利效益,可正可负。当 $b>0$ 时,存在唯一的纳什均衡(合作,合作),其结果是实现合作;当 $b<0$ 时,存在唯一的纳什均衡(合作,不合作),其结果是合作无法实现;当 $b=0$ 时,存在两个纳什均衡,即(合作,合作)或(合作,不合作),前一个纳什均衡帕雷托优于后一个,合作往往能够实现。

由此可见,b 值的大小是港城合作能否实现的关键。因此,在港城博弈中,实现合作的机制为:港口城市政府通过不断提高港口正福利效应和减少负福利效应,使得港口产生的总福利效应极大化。港口福利效应、港口区位势与港城合作三者之间的关系如图 7-5 所示。

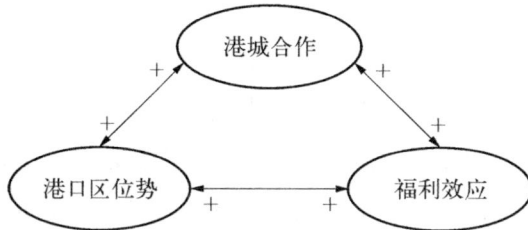

图 7-5   区位合作与港口区位势及福利效应的关系

从图 7-5 中可以看出,港口区位势、港城合作及福利效应三者之间是相互影响、相互促进的,任何一个环节的加强都有助于其他环节的加强。同时,也说明了实现港城之间协调发展和一体化的关系,必须充分考虑港口区位发展与城市在功能、空间以及环境等方面的协调。

2) 港口——用户的区位合作博弈

港口用户(指货主及航运公司)是港口服务的对象,也是港口区位发展的前提。争取更多的用户是港口发展的主要目标。当前由于集装箱与国际多式联运的发展,以及全球性综合运输网络的形成,货主与航运公司对某一特定港口的依赖逐渐减弱。在这一情况下,为了获得稳定的货源,每个港口都在积极寻求与货主、航运公司之间的密切合作。一般地,港口与用户的合作形式主要有两种:一是港口给顾客以优惠的服务收费条件,并与用户签订协议,使得用户在今后一定时期内把该港口当作固定的转运口岸;二是用户参与港口经营与建设,例如建设货主码头。两种合作形式都对港口区位势的发展具有一定的作用。这里，本书将用户建设自己的货主码头看成是一种港口与用户双方长期的合作，并进一步分析它对港口区位势发展的重要影响。

只有港口和用户双方都选择合作时，合作才能真正实现。合作给港口带来的收益是显在的，表现为港口货源有了保障，港口吞吐规模得到扩大，港口设施得到充分利用，因此，合作有利于港口区位势增长。但合作也存在潜在的损失，主要表现在当港口市场供不应求时，港口一部分利润转移给合作者。合作给用户带来的可能收益是能节约转运费用，增加货物运输经济效益，同时港口设施能更好地满足自身的需要，提高货物运输时间和安全效益。合作给用户带来的损失是需要大量的资金投入，港口选择的自由度减少，从而有某种经济损失的风险。这里，将用户是否采取与港口合作看作是一个博弈，构造一个得益矩阵来分析港口与用户的合作博弈机制。

		用户：合作	用户：不合作
港口	合作	(a, b)	(c, d)
	不合作	(c, d)	(c, d)

图 7－6　港口与用户合作博弈的得益矩阵

港口与用户的合作受到市场供求的影响：

(1) 供大于求的市场条件下：合作比不合作显然能给港口带来更多的收益，故有 $a \geqslant c$；此时合作能否实现，取决于 b 与 d 的比较，即当用户认为合作带来的收益大于不合作时，合作才能成功，港口获得收益 a；否则，收益为 c。这里有 $c \geqslant 0$，因为即使用户没有与港口签署协议，但仍然有可能会选择该港作为自己的转运口岸，所以有时即使双方没有合作的行为却出现了合作的结果。

(2) 供不应求的市场条件下：用户更倾向于合作，无论从经营港口设施，还是为了自身转运需要，合作能带来更多收益(表现为经济效益、安全效益)，故有 $b > d$；此时合作能否实现，取决于 a 与 c 的比较。前文中说明了港口的收益是以港口综合区位势的增长来衡量的，尽管在港口市场供不应求的条件下,港口与用户合作(这里表示用户参与建设和经营码头)可能会产生港口服务费率的减少,但有利于货源的稳定性,再加上这种合作具有长期性,并且有利于提高港口的规模经济性,所以合作仍然能促进港口区位势的增长,即 $a > c$。港口与用户的博弈有唯一的纳什均衡:(合作,合作),其结果是合作顺利实现。

然而必须看到,当前港口市场总的说来处于一种供大于求的现状,而且供大于求的市场状况会持续相当长的时间。其原因主要有两个方面:一是港口运输存在规模效益递增,港口都有不断扩大设施规模的倾向,同时随着经济、技术的不断发展,港口设施建设的能力和速率在增加;二是港口运输需求是由外部经济发展决定的,是缺乏弹性的,即货物生成受到经济、贸易、社会等多方面发展的约束,其增长率是有限的。

以上分析表明,不管在何种市场条件下,合作都有利于港口区位势的增长。但在供过于求的港口市场条件下,要实现合作,港口必须努力提高技术、管理水平和港口服务质量,让用户在参与建设和经营港口设施中得到更多的经济效益、安全效益,即 $b > d$。用户获得的综合效益、港口区位势、港口和用户合作三者之间的关系如图 7-7 所示。

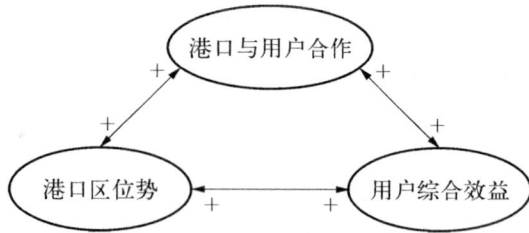

图 7-7 合作与港口区位势及顾客综合效益的关系

3)港口——互补节点的区位合作博弈

港口与互补节点由于在功能方面存在较强的互补性,合作给各方都会带来好处,因此港口与互补节点易成为合作伙伴。

从主要港口角度看,与互补节点进行区位合作,可以从下面两个途径来支持和配合港口区位发展(Klink,1995),从而实现港口综合区位势的增长。

(1) 主要港口通过与图 7-2 中节点 C、D 之间的战略合作,容纳港口的配送、储存、工业和商业贸易等相关活动。由于港口区位的空间有限性以及同一场所区位要素的非兼容性,港口所有的相关活动不可能在有限的港口区位空间获得最佳运作。例如,由于规模经济性的要求,包括配送、储存和工业生产在内的港口相关活动具有显著的空间密集性。同时,随着航运业的规模化发展(如船舶大型化、泊位大型化)等,使得转运作业对空间的需求日益加大,因此,有限的空间不能满足所有的港口相关产业发展的需要。通过与相邻的具有互补性节点的区位合作,形成更大范围的港口区位的功能圈(港口圈),可以得到港口所难以提供的区位要素,安置所有港口相关的活动,从而使港口经济范围得到极大地拓展。

(2)主要港口通过与物流链其他节点(图 7-2 中节点 E、F)的区位合作,将转运和配送服务向内陆市场渗透。作为国际化和集装箱化的结果,物流链不再局限于特定港口,往往凭借与内陆节点的区位合作,使得主要港口在腹地建立的支撑点可以最大限度地扩大港口和转运的服务范围。

在互补节点的合作机制中,权力起着重要的作用。权力是指某节点影响其他节点的决策活动的能力。由于在物流和经济发展中所处的中心地位,主要港口在由它与其他节点组成的物流链中,往往具有自然的权力地位,鼓励各节点的合作和分工对港口区位势的发展是极其重要的。一方面,它促进港口功能多元化发展,从而提高港口经济区位势(如港口与 C、D 的合作);另一方面,扩大了港口经济腹地的范围,从而增强了港口运输区位势(如港口与 E、F 合作)。合作给互补节点带来的好处是由于节点间运输成本的下降,改善了各节点的相互通达性,因此节点可从相互区位要素供给中获利,即为各节点在区位要素专业化供给方面创造条件,从而反过来又增强了自身的区位势。

由此可见,节点间运输成本的下降是合作的关键。为此,港口与互补节点可以通过两个途径来降低广义运输成本:一是改善基础设施和运输服务的物质环境;二是使节点的资源得到更有效的利用,资源配置效益更高;三是完善市场信息系统、组织与协调机制、管理环境。互补节点合作对港口区位势的作用如图 7-8 所示。

从综合物流系统的角度看,港口与互补节点是物流链中不同的成员。区位合作可以使物流链整体收益增加。但由于各成员存在自治性,都努力在自

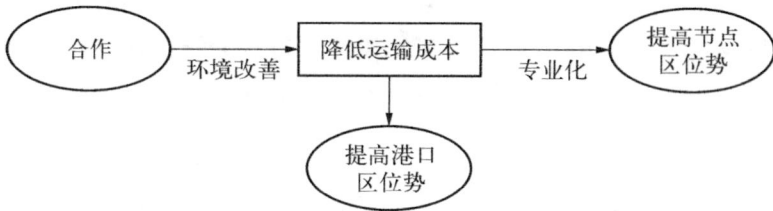

图 7-8 互补节点的区位合作对港口区位势的作用

己的决策权范围内寻求自身利益的最大化,自身利益最大化是成员的首要目的,系统最优的结果并不是成员最关心的,若要在成员之间达成合作,即使达到了系统最优的局势,也必然要求将合作产生的总收益进行适当的再分配。因此,在港口与互补节点的合作博弈中,合作收益的合理分配是非常重要的,关系到合作能否长期持续下去,从而与港口所在的整个物流系统的稳定性密切相关。为此,在改善包括基础设施和运输服务的物质环境、完善市场信息系统和组织协调能力的技术与管理环境,从而降低运输成本的支付中,各节点的支付份额应与它在运输成本降低后所取得的收益联系起来。实际要做到这一点是比较困难的,主要港口由于处于自然权力地位,往往需要承担更多的支付责任。例如,关于长江口航道的治理项目,上海市承担了比邻近省份更多的财政义务和责任,然而有关受益的大小却很难判断(宋炳良,2000)。因此,港口区位与互补节点之间战略合作的实现机制是各方有效的磋商,建立起有效、合理的支付和收益分配机制。

4) 港口——竞争节点的区位合作博弈

港口区位的竞争节点是指那些与港口享有相同或相似的区位要素,具有某种替代性特征,服务于重叠或交叉市场的节点区位。在市场有限的情况下,这些节点与港口区位构成竞争关系。对于某一特定港口而言,典型的竞争节点是相关的其他港口。因此,研究港口与竞争节点的区位合作机制,最重要的是研究相关港口之间的竞争与合作机制。

随着集装箱运输与多式联运的发展,相关港口之间的竞争已经成为一个全球性的普遍现象,且有愈演愈烈的趋势。港口间的竞争有整个海岸线的港口之间的竞争,如西北欧海岸线范围内从勒哈弗尔、安特卫普到鹿特丹和汉堡的竞争;不同国家的港口竞争,如比利时的安特卫普与荷兰的鹿特丹、阿姆斯特丹港的竞争;同一国家内港口之间的竞争。与此同时,有关港口之间的竞争问题研究也引起国内外学者的浓厚兴趣,例如,Goss 等人(Goss,1990;Helberg,1996;Slack,1985)都对此展开相关研究。研究表明,港口与其他行业相比,其竞争机制具有特殊性,主要表现在以下几个方面:一是港口作为社会基础设施产业,其整体的社会效益要高于自身的经济效益。为此,政府往往出于总体经济效益的考虑,通过种种方式对港口竞争予以干涉,如补贴、投资、价格控制、市场准入等,由此导致不同的港口政策对港口竞争产生不同的影响。二是一个港口的生存和发展与自然条件、贸易布局、地区经济的发展、海洋运输及集疏运方式的规划发展有着密切的关系,这一切决定了港口竞争受外界因素的影响较大。三是由于港口投资大,建设周期长,因此要求港口的运作具有相当大的规模效益,这就意味着市场的进入壁垒较高,因此,一个区域内港口的数目是有限的,即港口市场竞争呈寡头垄断趋势。

在港口竞争策略的实践方面,20 世纪 80 年代以前,各港口主要实行价格歧视策略来增强自身的竞争力并在竞争中取胜。近年来,随着综合物流的迅速发展,货主或船公司在选择港口时,不再仅仅考虑港口费率因素,而是综合考虑包括快捷性、安全性、可信性等在内的诸多因素。因此,港口在制定竞争策略时,更加注重服务质量的提高。在这一背景下,许多港口开始考虑多种竞争策略,包括投资策略、服务差异化策略、价格策略和产量策略等多种竞争策略的综合运用。

在竞争普遍存在的同时,在全球范围内,也出现了港口之间合作的现象。尤其在一个国家内部,港口兼并、共同经营、合建码头等相关港口之间各种形式的合作更是常见。例如,1921 年,为了解决美国大西洋沿岸新泽西港与纽约港在争夺货物方面发生的剧烈冲突,纽约和新泽西两州的立法机关将两港管理机构合并,批准建立纽约—新泽西港务局,从此两港合一,携手与相邻的其他大港(波士顿、费城、巴尔的摩)竞争。20 世纪 70 年代以来,随着集装箱运输的迅速发展,港口兼并更加令人关注。例如,1970 年,新西兰有 35 个港口,而到 20 世纪 90 年代初只有 15 个。1970 年,北美大西洋沿岸有 17 个主要国际性港口,而到 20 世纪 90 年代初只有 7 个港口(陈湛匀,1991)。

　　总之,在市场机制的作用下,当前港口发展的一个突出特点是竞争与合作并存。竞争与合作都是手段,分别反映各港在追求各自利益最大化时所表现出的利益冲突以及各港对共同利益的认识,其目的是获得更多的利益。尽管港口合作已是当前港口发展的重要战略,相关的理论研究并没有适时展开。国内外学者对该领域的相关研究大多仅停留在对个别港口产生合作的动因和合作形式的分析上,很少涉及形成并维持港口长期合作的内在机制研究(Morgan,1993;Suykens,1998;Goss,1999;施欣,2001)。现实中,港口之间的竞争远远多于合作,主要原因包括:一是由于港口作为社会基础设施产业,与一般的产业不同,港口区位发展产生的社会效益要大于自身的经济效益,而社会效益需要相当长的时间才能反映出来,而且与经济效益相比较,社会效益更难以衡量;二是由于各港口自身条件的非对称性,收益的时间价值差异等也在一定程度上阻碍港口之间合作的实现。

　　从港口区位发展的角度看,相关港口之间的竞争与合作对港口区位势的发展具有重要的意义。适度的竞争将有利于港口区位势的增长,主要表现为:① 竞争促使港口改善经营管理,增强港口的管理区位势;② 竞争促使港口积极引进新技术,提高港口生产效率,增强港口技术区位势;③ 由于港口运输的规模经济性,为了提高自身竞争力,成为干线港或枢纽港,港口将努力改善集疏运系统,从而提高港口运输区位势,等等。战略合作对港口区位的发展同样具有重要的作用:一方面,当前世界各主要港口都不同程度地受到区位要素瓶颈的困扰,通过战略合作,可以将转运活动扩展到其他港口。由于土地的稀缺性、劳动弹性小以及刚性规划等限制,一些普通件杂货和散货不可能在中心港口获得最佳运作。其他港口承担中心港口所不宜从事的某些转运业务,中心港口能保留其接纳核心功能的区位要素,其他港口也会因此获利。另一方面,合作可以避免过度竞争带来的两败俱伤的结果。由于港口的运输规模具有明显的边际递增效应,各港口不断增加投入,有扩大港口规模的倾向。然而,对港口运输需求是由港口外部经济发展需要引起的,因而在一定时期内,港口运输需求缺乏弹性(施欣,2001)。如果所有港口为了保持或提高竞争优势,盲目投资扩建港口规模,则很有可能出现或加剧市场供过于求的现象。因此,相关港口之间通过有效磋商,协调彼此的区位发展战略,达成共同认可的有约束力的协议,则对每个港口都是有利的。为了更深入地研究相关港口之间的战略合作,本书将运用合作博弈论的方法,来进一步分析相关港口之间区位合作的内在机制。

1) 港口合作博弈论模型

假定某一特定地理区域内,有 N 个港口向社会提供港口服务,由于这些港口服务的市场重叠或交叉,港口区位发展都受到彼此的相互影响和相互作用。如果允许港口之间合作,则构成一个典型的 n 人合作博弈;否则,则是一个对抗性博弈或竞争性博弈。

港口博弈可定义为:$\Gamma = \{N, (C_i)_{i \in N}, (u_i)_{i \in N}\}$,其中,$N$ 为区域内港口集合,$\forall i \in N$,C_i 是一个对港口 i 可行的所有策略的集合,$u_i C_i \to R$。

对于 n 个港口的合作博弈,每个港口都要考虑是单独行动,还是与区域内其他所有港口合作或者与某一个或几个港口合作。因此,在港口合作博弈中,对各港口而言,重要的不是它在策略集中选择一个什么策略,而是与哪些港口结成联盟,统一协调行动,以及港口之间的合作能否长期保持。在这种情况下,需要引入特征函数这一概念来刻画港口合作的可能性。

定义 1:任意的非空的局中人集合 $N = \{1, 2, 3, \cdots, n\}$ 的子集 $S \subseteq N$,称为联盟(coalitions),所有联盟的全体记为 $P(N)$。

定义 2:n 人合作博弈的特征函数是指定义在 $P(N)$ 上的一个实函数 v,其中 $v(S)$ 表示联盟 S 通过协调其成员的策略所能保证得到的最大共同收益。$v(i)$ 表示局中人 i 单独行动时的收益,同时,$v(\Phi) = 0$。

从港口区位发展的角度看,港口之间区位合作博弈应将港口区位势的发展看成是该博弈的特征函数,则 $v(S)$ 表示港口之间结成联盟 S,通过协调联盟内各港口的区位发展战略,从而获得最大的港口区位势,$v(i)$ 表示港口 i 单独行动时的区位势。

由特征函数定义知:若 S、T 是两个不相交的联盟,则它们联合在一起时的收益至少与两个联盟单独行动时各自所得利益之和一样多,即特征函数要满足下面的超可加性:

$$v(S \bigcup T) \geqslant v(S) + v(T), \forall S, T \subset N \quad S \bigcap T = \Phi \quad (7-1)$$

将式(7-1)用于全体局中人所形成的联盟 N,就得到

$$v(N) \geqslant \sum_{i \in N} v(i) \qquad (7-2)$$

n 人合作博弈理论主要研究式(7-2)取严格不等号时,如何在 n 个局中人之间进行总的收益分配,使每个人都认为是公平合理的。很显然,一个可能的分配方案 $x = (x_1, x_2, \cdots, x_n) \in R^n$ 必须满足以下条件:

(A) $$\sum_{i \in N} x_i = v(N) \qquad (7-3)$$

(B) $$x_i \geqslant v(i) , i = 1, 2, \cdots, n \qquad (7-4)$$

其中 $x_i(i=1,2,\cdots,n)$ 表示第 i 个局中人所得的利益份额。在 n 人合作博弈中,通常将适合条件(A)和(B)的所有 x 之集记为 $X(v)$ 或 $X(\Gamma)$,并称 x 为转归或预分配方案。

条件(A)称为集体理性条件。满足条件(A)的分配方案可使合作成员最大限度地获得合作带来的好处。

条件(B)称为个体理性条件,它表明每个局中人所获收益至少与单干时所得一样多。

但是,条件(A)和条件(B)并没有体现出局中人对集体的贡献大小。于是,以什么作为 n 人合作博弈的解,使之能充分体现每个局中人对整体的贡献,使参与博弈的各方都较为满意并能保持良好的合作关系,成为近几十年来合作博弈理论研究和应用的热门话题和核心问题。

许多有关合作博弈的解的概念被提出来,如纳什均衡稳定集、"Shapley值"等,都是为了解决合作博弈中的分配问题,即确定合作博弈的解。1965 年,Davis 和 Maschler 提出了 Kernel(核)的概念作为合作博弈的解,引起国际上的广泛关注。但是,由于 Kernel 是一个集合,且在合作博弈的局中人较多时计算困难,因此并没有完全解决 n 人合作博弈的求解问题。1969 年,David Schmeidler 又提出了将 Nucleolus(核仁)作为合作博弈的解,并证明了核仁是核中的一个元素,它对每个 n 人合作博弈唯一存在。因此,核仁受到广泛的重视,并被作为 n 人合作博弈的解应用于经济合作行为中。

综上所述,合作经济行为问题(其中包括投资、利益分配和风险等的分

配），就必须解决如何确定描述这类经济行为的合作博弈的解，以及有效地求
出这些解。

　　2）港口区位合作的内在机制

　　在市场经济条件下，达成合作各方共同认可的协议，对合作的实现与维持
是十分重要的。而有约束力的协议的达成需要通过合作成员之间的有效磋商来
实现。所谓有效磋商是指，如果合作成员各自策略的一个可行变化可以使所有
合作成员都受益，那么在实际磋商中，他们就会同意做出这样的策略变化。

　　能否进行有效磋商是区别合作与非合作博弈的关键，通过有效磋商，合作
各方可以建立一个利益平衡机制，使得合作中获利较少的成员确信暂时的利
益受损可以从长期稳定的合作中得到补偿，而获益较多的成员会自愿在某些
方面为其他成员的利益承诺一定的让步。也就是说，从长期看，一种稳定的合
作关系会使合作成员分得大致公平的收益。

　　在竞争与合作并存的港口区位发展过程中，相关港口应该将合作带来的
各港口区位势的增长看成是合作的收益，即要从是否有利于提高港口自身供
应与获取区位要素的能力来考虑与选择港口区位战略合作的伙伴和合作的方
式。一般说来，港口作为连接海运和陆上运输的重要枢纽，运输是港口的核心
功能，港口的其他功能，包括储存、贸易、工业制造和配送等都是从这一核心功
能派生出来的，因此，港口吞吐量作为反映港口运输功能最为直接的指标，往
往也是衡量港口区位势的一个重要指标。事实上，港口吞吐量增加被看成港
口之间合作的重要机制之一。

　　由于在一定的地理区域内，不同港口服务的市场会有重叠或交叉，港口运
输需求是由港口外部经济发展决定的，缺乏弹性（Schiffer，1996），各港口的吞
吐量都受到区域内其他港口的制约和影响。如果每个港口在考虑是单独行
动，还是与区域内其他港口合作时，主要的动力机制是合作能否使得港口的吞
吐量得到有效的增长，则港口合作机制可用下面数学模型描述：

　　设某一特定区域在某一时期对港口运输总需求为 X，区域内共有 n 个港
口，x_k，x_i，x_j 表示港口 k，i，j 都单独行动（即不合作）时各港口的吞吐量，
$x_{(i,j)}$ 表示港口 i 和港口 j 合作时两个港口吞吐量总和，x_{k1}，x_{k2}，x_{k3} 表示在
港口 i 和港口 j 合作时，其他港口 $k1,k2,k3$ 的吞吐量，则港口 i 和港口 j 选择

对方作为合作伙伴的目标和条件的数学模型为：

$$\max x_{(i,j)} \ , i \neq j \tag{7-5}$$

$$\text{s. t.} \quad x_{(i,j)} > x_i + x_j \tag{7-6}$$

$$\sum_{k=1}^{n} x_k = X \tag{7-7}$$

目标函数式(7-5)表示港口 i 和港口 j 合作的区位发展方向，满足约束条件式(7-6)，则两港具有合作的可能性，式(7-7)假设合作前后研究的对象区域内港口运输需求不变，反映了港口运输总需求由外部经济发展决定而缺乏弹性。

根据港口区位势的概念与内涵，港口吞吐量仅仅是港口运输区位势的一个重要指标，而不是港口区位势的全部内容。若仅仅将港口吞吐量是否增长看成港口之间合作的唯一机制，则具有较大的局限性。港口区位势则反映为港口所在的物流系统的综合物流能力以及港口对整个物流系统的控制能力。从这一点出发，正如上文提到的，主要港口通过与其他港口(图7-2中的节点B)的合作，一方面可以将转运活动扩展到其他港口，其他港口承担中心港口所不宜从事的某些转运业务，中心港口能保留其接纳核心功能的区位要素，从而提高港口所在的物流系统的效率及主要港口对整个物流系统的控制能力，实现港口综合区位势的增长。另一方面，相邻港口区位合作将使得港口设施建设有序化、合理化，最大限度地避免重复建设造成的浪费，而且可在不扩张港口设施的条件下扩大港口运输规模，发挥港口运输的聚集效益。

20世纪70年代末，在新的技术条件下，世界主要港口越来越处在一个国际化的背景下运作，竞争更趋激烈。为了提高主要港口的国际竞争力，建设广域的网络化港口成为发达国家区域系统内各港口间区位合作的重要模式。网络化港口的含义是全国港口或某区域的港口之间以及港口与陆地之间的交通和信息连成网络，并作为整体参与国际竞争。通过全国港口间的分工与合作，增强国家主要港口的国际竞争力。例如，日本提出21世纪将实现全国港口网络化的发展战略。为建设网络化的港口，每个地区和港口都要求从全国利益出发，超越本身的利害关系，既要合理分工又要相互合作，从而形成完善的全国性的港口网络，强化主要港口区位的外贸生命线和国际物流基地的功能，提高主要港口区位的国际竞争力。为此,首先将积极利用信息技术,构筑现代化的海上运输网,适应物流发展的需求。港口作业手续、货物信息和设施信息的提供、航行管制、作业计划和安排等采用现代化的信息技术,同时把港口业务各相关的行政部门、港口用户等连成一个整体,使出入港手续一次完成,提高港口运营效率,从而使得港口运输达到快速化、低成本化、准确化与安全化的现代物流发展要求。其次将加强重点港口、重点航线的通行能力,提高重点港口的国际竞争力。适当配置功能各异的枢纽港,加强港口间的联系和合作,使国际集装箱相对集中,使集装箱运输达到多频率、低成本、高速度,并与航运公司密切配合,增加干线航线的运输量,为主要港口提供足够的货源,形成稳定的主干航线网络。

7.2.3　区域系统港口规模发展的协调机制

交通运输业是国民经济的基础产业部门,其发展规模归根结底是由社会经济系统产生的运输需求所决定的,同时交通运输系统的规模和水平又反过来影响着整个国民经济发展的速度(施欣,2001)。港口是交通运输系统的重要组成部分,一定地域范围内所有港口的总体(吞吐)规模,取决于区域社会经济系统产生的港口运输需求。同时,港口的规模和服务水平又对区域国民经济发展产生影响。更为重要的是,由于港口建设周期长、投资大、经济投入转化慢,因此港口规模的合理科学发展尤其关键。因此,科学合理地制定港口发展战略,除了研究各个港口与其相关各方之间的区位合作,还有必要从区域系统整体的角度,对区域内所有港口与社会经济环境之间的规模发展的协调机制进行系统深入的研究。

区域系统内所有港口规模发展的协调机制可用以下模型描述:

$$\min \text{cost} \lfloor |(S_P^{(t)} - D_P^{(t)})| \rfloor \qquad (7-8)$$

$$\text{s.t.} \begin{cases} D_P^{(t)} = f(Y^{(t)}, X^{(t)}, U^{(t)}, Z^{(t)}) = \alpha Y^{(t)} \\ S_P^{(t)} = f(V_P^{(t)}, \eta_P^{(t)}) \\ V_P^{(t)} = f(V_P^{(t-1)}, I_P^{(t-t_0)}, L, T, M) \\ I_P^{(t)} = f(Y^{(t)}, A^{(t)}) \end{cases}$$

这里,将区域内所有相关港口作为一个整体来分析。

1) 约束条件

(1) $D_P^{(t)}$ 表示 t 年时区域系统内整个国民经济对港口运输的总需求。影响这些需求的因素有很多,主要包括国民经济发展水平、产业结构、航运价格、航运组织形式、航线密度、航班频率、其他交通运输方式(如航空、铁路、公路)的发展条件和发展水平等。假定与区域港口系统本身有关的变量(如航运价格、航运组织形式、航线密度、航班频率等)构成向量 Z,其他交通运输方式(包括航空、铁路、公路等)相关的变量构成向量 U,国民经济发展水平由变量 Y 表示,并用 X 描述除国民经济发展水平之外的其他非交通运输系统的变量(如产业结构、地区布局等),于是港口运输需求函数为 $f(Y^{(t)}, X^{(t)}, U^{(t)}, Z^{(t)})$。此外,由于一个区域(国家或地区)的产业结构、地区布局等与国民经济发展水平(可用国民收入表示)有较强的相关关系,在假定区域经济发展正常以及各种交通运输方式组织合理的条件下,区域系统内港口运输的总体需求 $D_P^{(t)}$ 可简化为 $\alpha Y^{(t)}$,以此来突出国民经济发展水平作为外生变量的重要性。关于 α 系数的确定,不同国家或地区在不同时期都是不一样,是相关变量综合作用的结果,这里之所以采取 αY 形式,主要是为了下面分析的方便。

(2) $S_P^{(t)}$ 表示 t 年区域系统的所有港口设施的供给规模(港口吞吐规模总量),主要由 t 年区域系统内所有港口的吞吐能力 $V_P^{(t)}$ 和负荷强度 $\eta_P^{(t)}$ 决定,其中 η 根据各个国家或地区经济发展水平和不同发展时期而有所区别。一般而言,在经济发达的国家,η 往往表现为经济高涨时接近 1 甚至大于 1,而当经济衰退时明显小于 1;发展中国家的 η 值往往大于 1。

(3) 区域系统内所有港口 t 年的吞吐能力 $V_P^{(t)}$,是在 $t-1$ 年的吞吐能力的基础上由 $t-t_0$ 年的港口建设投资和 t 年的劳动力投入 L、技术发展水平 T 和管理水平 M 所决定的,这里之所以考虑 t_0,主要是因为港口建设的滞后性。

(4) $I_P^{(t)}$ 表示 t 年港口建设的资金投入,由国民收入和产业政策等因素所决定。

2) 目标

在模型中,目标设为极小化由区域系统的国民经济发展对港口运输的总体需求与供给的偏差所产生的成本。成本函数(Cost 函数)的具体含义是：当供给大于需求时，港口设施不能得到充分利用，出现闲置现象，产生浪费，Cost 函数就是反映这一浪费的情况；而当供给小于需求时，港口设施的供给能力无法满足社会经济需求，由此会影响社会经济的正常运行，进而给整个社会经济系统造成损失(包括因负荷强度增大而给港口所带来的成本增加)。这一损失也将通过 Cost 函数来反映；只有当供给等于需求时，Cost 函数值等于零，区域的港口体系与社会经济系统之间达到了理想的均衡状态。但是这种均衡状态在实际经济社会运行过程中是难以实现的，供需不平衡是一种普遍现象，为此，应将决策的准则从"寻求最优"转变为"寻求满意"，即在供需不平衡现象普遍存在的情况下，如何确定一个可操作的决策。

由于港口设施建设的滞后性，以及港口的社会效益大于经济效益的特征，因此，Cost 函数曲线形式可用图 7-9 描述。

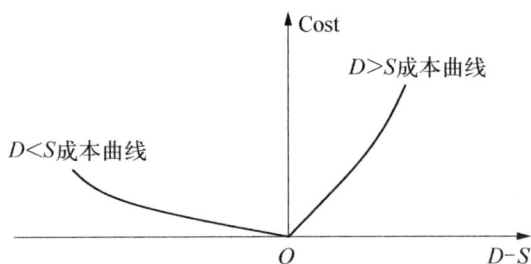

图 7-9　港口设施供给与需求偏差成本函数曲线

图 7-9 所示的 Cost 函数曲线表明：在供不应求的情况下，其单位量造成的损失要大于供过于求，再加上港口设施建设投入具有一定的滞后性，因此，更可操作的决策应该是：在任何一个时期内，港口设施的供给略大于需求，这样才能实现整个经济社会运行的"满意"态势。至于供给与需求之间的最佳差距问题，目前尚未有而且将来也不可能有明确的统一衡量准则。一些学者通过对各个国家和地区的实证分析发现：整个交通运输系统的供给与需求的最佳差距是：交通系统现期增量规模(投入)应基本可应付今后 5 年内的经济社会发展所产生的运输需求增量。港口体系作为交通运输系统的一个组成部分，也应该适用这一准则。

　　从所构造的模型体系中可以看出,要达到供给略大于需求的目标,可以通过港口设施建设的投入、加大港口运输负荷强度和提高港口技术、管理水平等,同时,区域系统内所有港口之间应该采取合作战略,通过有效磋商,统一行动,协调港口规模的发展。由此可见,实现港口规模发展的协调机制与提高港口区位势两者之间是相辅相成的。

第 8 章
总结与展望

8.1 本书研究的主要内容

本书运用历史比较、定性与定量相结合、实证分析等方法,将地理学、交通运输学、系统科学以及管理科学综合运用到现代港口区位问题的相关研究中,通过对现代港口区位发展与区域交互作用的系统分析,建立起现代港口发展的区位势模型与基本理论体系。本书研究的主要内容与结论归纳如下:

1) 港口相关区位研究的理论与成果综述

本书第 1 章通过阐述与评价国内外港口相关区位研究的理论和成果,得出对本书写作的重要启示。

2) 现代港口区位性质分析

20 世纪 80 年代以来,在全球经济一体化、知识经济与信息产业以及集装箱运输与多式联运迅速发展的背景下,世界上一些地理位置和水深条件优越、集疏运条件较好、周边经济发展水平较高的港口得到迅速发展,成为第三代港口,即现代港口。与传统港口相比,现代港口具有新的区位性质,在区域乃至世界经济发展格局中占据更为重要的地位。考察世界主要港口的区位发展,现代港口的基本性质可归纳为:生产力布局的基本指向,综合物流系统的重要环节以及港口型经济发展的主要载体。

3) 区位论、空间相互作用及港口区位势的提出

任何一个港口都不是孤立存在的,而是特定区域系统的一个组成单元。港口区位的形成与发展是港口与区域系统长期交互作用的结果。港口与区域系统的这种长期交互作用,使得不同的港口拥有不同的区位条件和优势,

并在区域港口集合中占据不同的位置,发挥不同的功能。以往对港口与区域系统相互作用的研究通常只停留在定性描述的层面,定量研究较为少见。然而,现代自然科学和经济学均已证明,对有关过程进行精确描述,必须采用定量而不仅是定性的模式。为此,本书第 3 章运用区位论及空间相互作用理论研究的方法和模式,提出"港口区位势"的概念,建立"港口区位势"理论模型,对港口与区域系统的相互作用、相互影响进行定性和定量相结合的基本分析。

港口区位的功能和空间格局的发展取决于港口使用者的空间行为。港口使用者的空间行为是由其所从事的港口活动对区位要素的需求程度和选择计划来确定的。港口作为物流系统中某一种活动的区位,港口区位的吸引力和竞争力,即"港口区位势",可用港口获取相关区位要素的能力或潜力来表示。由于港口区位的竞争力反映为港口对所有相关活动的区位吸引力,港口区位势应是港口获取或供应对各港口活动的相关区位要素的能力或潜力的总和,因此,第 i 港口区位势 V_i 的概念模式表示为:

$$V_i = \sum_b \pi_i^b = \sum_b \sum_j F_j^b \exp\{-\mu^b [c(F^b)_{ij}]\}$$

4)现代港口区位势基本理论

本书的第 4 章、第 5 章、第 6 章和第 7 章在第 2 章对现代港口区位性质的分析,以及第 3 章运用区位论和空间相互作用理论,所提出的港口区位势概念内涵的基础上,建立现代港口区位势基本理论体系,以期对现代港口区位发展与区域交互作用进行系统全面的研究,其主要内容包括:

(1)根据港口区位势的概念和内涵,将港口区位势概括为 5 个基本因子:港口自然区位势、港口运输区位势、港口经济区位势、港口技术区位势以及港口管理区位势,系统阐述各港口区位势因子的含义和内容。

(2)建立港口区位势因子评价的指标体系,并对指标进行定量化和标准化处理。在此基础上,运用层次分析法,建立港口区位势测度的数学模型。首先,根据港口区位势的内涵和港口区位势因子体系结构,将港口区位势指标体系划分为 5 个一级指标、11 个二级指标和 27 个三级指标。其中,一级指标的值由二级指标推导而得,二级指标的值又由三级指标推导得出,三级指标为统

计描述性指标,或直接给出,或由若干个统计指标综合后给出。运用层次分析法,建立港口区位势测度的数学模型:

$$V_i = \sum_{j=1}^{5} w_j v_j$$

其中: $v_j = \sum w'_k u_k$; $u_k = \sum w''_l h_l$ 。

（3）分析随着社会、经济和技术的发展,国际生产模式的转化和世界经济贸易空间格局的动态变化,以及经济全球化和交通运输网络化的演变进程,港口基本区位势发展演化的内在机制。

（4）探讨现代综合物流迅速发展的背景下,主要港口与物流系统各个节点之间实行有效的区位战略合作,以及相关港口之间有效的竞争与合作,促进港口区位势发展的重要战略。

8.2　研究展望

本书尽管力求对现代港口区位的发展问题进行深入探讨,通过对其进行定性和定量相结合的系统研究,总结出现代港口区位发展的规律。随着世界经济格局和新技术的发展变化,港口区位研究应从以下几个方面进一步完善与拓展:

（1）随着世界经济格局的不断发展演化,新兴市场和发展中国家对世界经济增长的贡献率将进一步提高,发展中国家也将被迫调整过分依赖出口的经济发展模式,更多地转向扩大内需促进经济增长。从长远来看,全球经济再平衡调整将持续进行,全球产业分工格局和国际贸易格局面临深刻调整。世界经济格局的转型终将影响作为综合物流重要节点的港口区位势的发展变化。

（2）港口聚集了大量的机械设备,拥有复杂的管理流程,又面对贸易自由化的市场环境,为了更好地整合资源,提高管理效率和区位竞争力,必须运用新兴的物联网技术,提高港口生产力。物联网技术对港口区位势的影响也将是一个重要的方向。

由于港口区位的固有特性，许多成果、结论的证实和证伪，都无法在实验室中获得，必须进行长期、耐心的观测以及深入、细致的研究，不断地引进新的理论、方法和研究手段。笔者也将继续努力。

参考文献

［1］曹有挥.安徽省长江沿岸港口体系规模组合与空间结构分析[J].地理科学,1998(3)：255-262.

［2］曹有挥.长江沿岸港口体系空间结构研究[J].地理学报,1999(3)：43-50.

［3］陈德明.新加坡发展经验[M].北京：中国对外经济贸易出版社,1995.

［4］陈航.厦门港的发展条件与战略方向[J].中国经济问题,1988(2)：26-32.

［5］陈湛匀.现代决策分析概论[M].上海：上海科技文献出版社,1991.

［6］戴鞍钢.港口—城市—腹地——上海与长江流域经济关系的历史考察[M].上海：复旦大学出版社,1998.

［7］邓剑峰.宁波—舟山港港口区位势评价及其发展战略研究[D].舟山：浙江海洋大学,2017.

［8］董洁霜,范炳全.区位商法在港口腹地分析中的运用[J].上海海运学院学报,2002,23(3)：50-53.

［9］董千里.高级物流学[M].北京：人民交通出版社,2015.

［10］杜其东,陶其钧,汪诚彪.国际经济中心城市港口比较专题系列研究之一：港口与城市关系研究[J].水运管理,1996(1)：5-10.

［11］段福运.大连港与大连市经济发展的互动性研究[D].大连：辽宁师范大学,2017.

［12］富宏亮.港城联动模式下港口城市发展研究[D].青岛：青岛理工大学,2019.

［13］高小真.短缺经济中的港市相互作用[J].地域研究与开发,1990(2)：

14 - 16,20 - 62.

[14] 谷人旭,殷为华.论长江三角洲都市圈的形成及其核心城市上海的功能
定位[J].地域研究与开发,2001,20(1)：27 - 31.

[15] 管楚度.交通区位论及其应用[M].北京：人民交通出版社,2000.

[16] 贺志超.珠三角港口群与其经济腹地互动发展的实证分析及政策研究
[D].广州：暨南大学,2016.

[17] 姜超雁,真虹.多年时滞港口经济贡献动态投入产出模型[J].交通运输系
统工程与信息,2013,13(1)：163 - 168.

[18] 姜乾之,李娜.新形势下长三角城市港口群协同发展研究[J].中国名城,
2020(2)：12 - 16.

[19] 李珊珊.区域港口群的竞合关系网络研究[D].大连：大连海事大学,
2017.

[20] 李王鸣.港口城市国际研究主题的分析[J].经济地理,2000(2)：14 - 17.

[21] 刘秉镰.港口多元化发展的结构效应[J].天津社会科学,1997(6)：
22 - 26.

[22] 刘峻源.沿海港口城市空间结构演进及优化研究[D].天津：天津大学,
2017.

[23] 刘天一,于万欣.港口物流与区域经济发展互动机制研究综述[J].科技经
济导刊,2018,26(7)：245.

[24] 龙泓宇.重庆市港口经济与城市经济协调发展机制及路径研究[D].兰
州：兰州财经大学,2019.

[25] 陆炳炎.长江经济带发展战略研究[M].上海：华东师范大学出版社,
1999.

[26] 陆峰.山东沿海港口与港市的空间结构[D].北京：北京大学,1997.

[27] 孟晓梅,丁以中.国外港口管理模式分析与启示[J].集装箱化,2000(2)：
9 - 12.

[28] 彭勃.舟山群岛新区港口区位势评价及其发展战略研究——基于舟山、
宁波、上海三港区位势的实证分析[J].经济地理,2013,33(6)：114 -
118,131.

［29］赛令香,赵锡铎.论我国航运企业在新经济下的经营发展战略［J］.综合运
输,2001(7)：10-11.

［30］沈兆楠,李南.秦皇岛港口与城市耦合协调研究［J］.华北理工大学学报
(社会科学版),2017,17(4)：34-39.

［31］施欣.港口合作的博弈分析［J］.上海交通大学学报,2001,35(6)：943-
946.

［32］施欣.港口双寡头竞争的进入/遏制策略分析［J］.交通运输工程学报,
2001,1(2)：120-123.

［33］宋炳良.港口内陆空间通达性与国际航运中心建设［J］.经济地理,2001
(4)：447-450,477.

［34］隋玉亭,韩霜.港口与城市经济互动发展研究——以荆州港为例［J］.低碳
世界,2018(12)：215-217.

［35］孙东川,陆明生.系统工程简明教程［M］.长沙：湖南科学技术出版社,
1987.

［36］孙海燕,夏艳玲.港口与城市经济发展关系探讨——以青岛为例［J］.国
土与自然资源研究,2009,2(2)：1-2.

［37］孙静雯.青岛市港产城一体化发展特征研究［D］.大连：大连理工大学,
2019.

［38］王达川,苏孟超,黄俊.沿海新港区发展战略导向［J］.港口科技,2018(8)：
49-52.

［39］王大鸣,王桂泉,富莹.依托大连自贸港建设全面推进辽宁港口协同发展
的建议［J］.世界海运,2020,43(8)：1-4.

［40］王东磊.津冀港口群系统协同发展与演化研究［D］.秦皇岛：燕山大学,
2019.

［41］王栋.长江下游江海中转港口群竞合博弈研究［D］.大连：大连海事大学,
2020.

［42］王合生,李昌峰.充分利用现有港口设施尽快建成上海国际航运中心［J］.
世界科技研究与发展,1999,21(3)：74-78.

［43］王浣尘,吴健中,王鹤祥.用系统工程方法对上海新港址进行评价和选优

[J].系统工程理论与实践,1984(2):46-52.

[44] 王莲芬,许树柏.层次分析法引论[M].北京:中国人民大学出版社,1990.

[45] 王晓凤,祁霄鹏.港口对区域经济发展的作用研究——以沿东陇海线地区为例[J].港口经济,2016(11):10-13.

[46] 王怡,叶军.新加坡港口发展面临的问题及对策[J].东南亚研究,1999(2):31-35.

[47] 王铮.理论地理学概论[M].北京:科学出版社,1994.

[48] 王之泰,赵杨,张涵.中国物流概览[J].软件和集成电路,2001(8):105-106.

[49] 吴传钧,高小真.海港城市的成长模式[J].地理研究,1989(4):9-15.

[50] 吴国忠.我国港口发展模式探究[J].中国港口,2012(4):7-9.

[51] 徐凯,李建丽.物联网技术对港口生产力的影响[J].水运管理,2011(4):28-30.

[52] 徐永健.现代港口与城市发展:以广州为例[D].广州:中山大学,2000.

[53] 许开端.现代化港口城市的建设与发展——兼论跨世纪莆田市的崛起[M].北京:人民出版社,1997.

[54] 许言庆.沿海港口综合实力与腹地空间演变研究[D].杭州:浙江工业大学,2016.

[55] 杨华龙,李德源.市场竞争条件下港口政策及管理体制探讨[J].世界海运,1999,22(4):32-33.

[56] 杨吾扬,梁进社.高等经济地理学[M].北京:北京大学出版社,1997.

[57] 叶红军.航运政策研究迫在眉睫[J].中国远洋航务公告,1997(1):21-44.

[58] 俞海宏,刘南.基于系统动力学的长三角港口群效率模型研究[J].中国航海,2012,35(1):98-104.

[59] 曾尊固.南通港的兴起和南通市的发展战略[J].经济地理,1988(1):46-51.

[60] 张建高,傅鸿源.城镇建设行为中的合作对策问题[J].系统工程理论与实

践,2001(6)：125-131.

[61] 张景秋.临海工业开发区的建立和演变[J].经济地理,1999(4)：36-41.

[62] 张丽梅.港口空间组织与用地优化研究[D].天津：天津大学,2014.

[63] 张梦天,王成金,王成龙.上海港港区区位与功能演变及动力机制[J].地理研究,2016,35(9)：1767-1782.

[64] 张培林,黎志成.港口布局层次性的形成机理及经济分析[J].武汉交通科技大学学报,2000(2)：113-116.

[65] 张声书,佐伯弘治.中国现代物流研究[M].北京：中国物资出版社,1998.

[66] 张文忠.城市居民住宅区位选择的因子分析[J].地理科学进展,2001,20(3)：268-274.

[67] 张燕.港口与经济腹地互动发展研究[D].广州：暨南大学,2012.

[68] 赵新宇.台州港口群一体化发展战略研究[D].福州：福建农林大学,2016.

[69] 赵亚杰.港口对区域经济发展的左右分析——以中山港为例[J].现代商贸工业,2017(7)：18-19.

[70] 真虹.码头建设规模计算机动态图形仿真优化方法的研究[J].工程设计CAD与智能建筑,1999(8)：16-20.

[71] 郑弘毅.海港区域性港址选择的经济地理分析[J].经济地理,1982(2)：114-119.

[72] 周雪兰.港口经济对宜宾区域经济发展的作用研究[D].南充：西华师范大学,2019.

[73] BIRD J H. The major seaports of the United Kingdom[M]. London：Hutchinson, 1963.

[74] BOTTASSO A, CONTI M, FERRARI C, et al. Ports and regional development：a spatial analysis on a panel of European regions[J]. Transportation Research Part A, 2014, 65(4)：44-55.

[75] CHARLIER J, RIDOLFI G. Intermodal transportation in Europe：of modes, corridors and routes[J]. Maritime Policy and Management,

1994，21(3)：237-250.

[76] COMTOIS C. The evolution of containerization in East Asia[J]. Maritime Policy and Management，1994，21(3)：195-205.

[77] GILBERT R Y，VINOD B A. Economic impact of a port on a regional economy：note[J]. Growth and Change，1987，79(7)：36-41.

[78] GOSS R O. Economic policies and seaports：are port authorities necessary?[J]. Maritime Policy and Management，1990，17(4)：257-271.

[79] GOSS R O. Economic policies and seaports：strategies for port authorities[J]. Maritime Policy and Management，1990，17(4)：273-287.

[80] GOSS R O. On the distribution of economic rent of seaports[J]. International Journal of Maritime Economics，1999，1(1)：1-11.

[81] GRAHAM M G，HUGHES D O. Containeinerization in the eighties[M]. London：Informa Pub，1985.

[82] GRIPAIOS P，GRIPAIAS R. The impact of a port on its local economy：the case of Plymouth[J]. Maritime Policy and Management，1995，22(1)：13-23.

[83] HALL J. Docklands in the metropolitan economy[J]. Town and Country Planning，1982，51(5)：120-122.

[84] HAYUTH Y. Concepts of strategic commercial location：the case of container ports[J]. Maritime Policy and Management，1994，21(3)：187-193.

[85] HAYUTH Y. Intermodality：concept and practice[M]. London：Informa Pub，1987.

[86] HAYUTH Y. Rationalization and deconcentration of the U. S. container port system[J]. Professional Geographer，1988，40(3)：279-288.

[87] HEAVER T D. The implications of increased competition among ports

and management[J]. Maritime Policy and Management, 1995, 22(2): 125 – 133.

[88] HELBERG D. Operating environment for today's ports [J]. Transpotation Research Board, 1996(6): 21 – 30.

[89] HOOVER E M. The location of economic activity[M]. New York: McGraw Hill Book Company Inc, 1948.

[90] HOYLE B S, HILLING D. Seaport systems and spatial change: technology, industry and development strategies [M]. Wiley: Chichesterm, 1984.

[91] HOYLE B S, PINDER D A, HUSAIN M S. Revitalising the waterfront: international dimensions of dockland development [M]. London: Belhaven, 1988.

[92] HOYLE B S, PINDER D A. Cityport industrialization and regional development[M]. London: Belhaven, 1981.

[93] HOYLE B, CHARLIER J. Inter-port competition in developing countries: an east African case study [J]. Journal of Transport Geography 1995, 5(2): 99 – 115.

[94] JEAN GOTTMANN. Megalopolis: the urbanized northeastern seaboard of the United States[M]. New York: The Twentieth Century Fund, 1961.

[95] JOHN T S, BRIAN S. Ports as gateways: a traditional concept revisited[M]. Dakar: Edition AIVP, 1995.

[96] KIM G. Government preference and its influence on the shipping industry in Korea[J]. Maritime Policy and Management, 1992, 19(4): 265 – 277.

[97] KLAASSEN L H. Exercises in spatial thinking [M]. Aldershot: Avebury, 1988.

[98] KLINK H A. Towards the borderless mainport rotterdam: an analysis of functional, spatial and administrative dynamics in port systems[M].

Rotterdam: Tinbergen Institute 1995.

[99] KONINGS J W. Integrated centers for the transshipment, storage, collection and distribution of goods [J]. Transport Policy, 1996(3): 3 - 11.

[100] KUBY M, REID N. Technological change and the concentration of the U. S. general cargo port system: 1970—1988 [J]. Economic Geography, 1992,68(3): 272 - 289.

[101] LARRANAGA A M, ARELLANA J, SENNA L A. Encouraging intermodality: a stated preference analysis of freight mode choice in Rio Grande do Sul[J]. Transportation Research Part A: Policy and Practice, 2017, 102(8): 202 - 211.

[102] LOSCH A. The economics of Location [M]. New Haven: Yale University Press, 1954.

[103] MARTIN J C. Economic impact analysis: a port-specific approach[J]. Portus, 1987(4): 3 - 35.

[104] MARTIN R. Paul Krugman's geographical economics and its implications for regional development theory: a critical assessment [J]. Economic Geography, 1996, 72(3): 259 - 292.

[105] MAYER H M. Current trends in great lakes shipping[J]. Geo Journal, 1978(2): 117 - 122.

[106] MCCALLA R J. Separation and specialisation of land uses in cityport waterfronts: the cases of Saint John and Halifax [J]. Canadian Geographier, 1983(27): 49 - 63.

[107] MIGUET A P. Sustainable development between city and port, the Santander example, city and port: partners for the environment[M]. Algeciras: Edition AIVP, 1993.

[108] MILNE S, WADDINGTON R, PEREY A. Toward more flexible organization? Canadial rail freight in the 1990s[J]. Tijdschift voor Economische en Sociale Geografie, 1994, 85(2): 153 - 164.

[109] MORGAN F W. Ports and harbors[M]. London: Hutchison Press, 1958.

[110] MORGAN P G. Port pricing policies [J]. Ports and Harbors, 1993 (10): 9 - 12.

[111] MULLER G. Intermodal freight transportation[M]. Westport: Eno Foundation, 1995.

[112] NUGROHO M T, WHITEING A, JONG G D. Port and inland mode choice from the exporters' and forwarders' perspectives: case study-Java, Indonesia [J]. Research in Transportation Business and Management, 2016, 19(6): 73 - 82.

[113] OHILN B. Interregional and international trade [M]. Mass: Cambridge, 1933.

[114] PHILADELPHIA, BALTIMORE, NEW ORLEANS. General cargo hinterland of New York [J]. Annals of the AAG, 1958(48): 436 - 455.

[115] POLLOCK E E. Ports, port hinterland and regional development [M]. Tokyo: The Bulletin, Japan Maritime Research Institute, 1973.

[116] RIMMER P. A conceptual framework for examining urban and regional transport needs in Southeast Asia[J]. Pacific Viewpoint, 1977(18): 133 - 147.

[117] RISSOAN J P. River-sea navigation in Europe [J]. Journal of Transport Geography, 1994(2): 131 - 142.

[118] SEATTLE AUTHORITIES. The local and regional economic impacts of the port of Seattle[M]. Seattle: Washington, 1994.

[119] SEOK-MIN L. Round-the-world service: the rise of evergreen and the fall of US lines[J]. Maritime Policy and Management, 1996(23): 119 - 144.

[120] SLACK B. Containerization, inter-port competition, and port selection [J]. Maritime Policy and Management, 1985, 12 (4):

293 - 303.

[121] SLACK B. Domestic containerization and the load center concept[J]. Maritime Policy and Management, 1994(21): 229 - 236.

[122] SLACK B. Intermodal transportation in North America and the development of inland load centers [J]. Professional Geographier, 1990, 42(1): 72 - 83.

[123] SLACK B. International transportation in North America and the development of inland load centers[J]. The Professional Geography, 1990, 42(1): 72 - 83.

[124] SLACK B. Pawns in the game: ports in a global transport system[J]. Growth and Change, 1994(24): 597 - 598.

[125] SLACK B. Services linked to intermodal transportation[J]. Paper in Regional Science: The Journal of the RSAI, 1996, 75(3): 253 - 263.

[126] SLACK B. Technology and seaports in the 1980s[J]. Tijdschrift voor Economische en Social Geografie, 2008, 71(2): 108 - 113.

[127] SMITH D M. Human geography: a welfare approach [M]. London: Edward Arnold, 1977.

[128] SMITH D M. Industrial location: an economic geographical analysis [M]. New York: John Wiley, 1981.

[129] SONG L, GEENHUIZEN M V. Port infrastructure investment and regional economic growth in China: panel evidence in port regions and provinces[J]. Transport Policy, 2014(36): 173 - 183.

[130] SUYKENS F. A quarter of a century of port management in Europe: objective and tools [J]. Maritime Policy and Management, 1998, 25 (3): 251 - 261.

[131] SUYKENS F. The city and its port: an economic appraisal [J]. Geoforum, 1989, 20(4): 437 - 445.

[132] TAAFFE E J, MORRILL R L, GOULD P R. Transport expansion in underdeveloped countries[J]. Geographical Review, 1963(53): 502 -

529.

[133] TEYE C, BELL M G H, BLIEMER M C J. Urban intermodal terminals: the entropy maximizing facility location problem [J]. Transportation Research Part B Methodological, 2017, 100 (6): 64 - 81.

[134] TOMAS B J. The need for organizational change in seaports [J]. Marine Policy, 1994, 18(1): 69 - 78.

[135] TONGZON J L. Port choice and freight forwarders [J]. Transportation Research Part E, 2009, 45(1): 186 - 195.

[136] VAN KLINK H A. The port network as a new stage in port development: the case of Rotterdam[J]. Environment and Planning, 1998(30): 143 - 160.

[137] WANG J J, SLACK B. The evolution of a regional container port system: the Pearl River Delta[J]. Journal of Transport Geo graphy, 2000(8): 263 - 275.

[138] WANG J J. A container load center with a developing hinterland: a case study of Hong Kong[J]. Journal of Transport Geography, 1998, 6(3): 187 - 201.

[139] WANKE P, FALCAO B B. Cargo allocation in Brazilian ports: an analysis through fuzzy logic and social networks [J]. Journal of Transport Geography, 2017, 60(4): 33 - 46.

索　引